Fahl/Winkler
Meinungsstreite Strafrecht BT/2

Meinungsstreite
Strafrecht BT/2

Examensrelevante Probleme – Meinungen
Argumente, §§ 211–266b StGB

von

Dr. Christian Fahl
o. Professor an der Universität Rostock

und

Dr. Klaus Winkler
Rechtsanwalt in München
Lehrbeauftragter an der Universität Augsburg

2. Auflage
2012

C.H.BECK

www.beck.de

ISBN 978 3 406 64338 5

© 2012 Verlag C.H.Beck oHG
Wilhelmstraße 9, 80801 München
Druck: Nomos Verlagsgesellschaft
In den Lissen 12, 76547 Sinzheim

Satz: DTP-Vorlagen der Autoren

Gedruckt auf säurefreiem, alterungsbeständigem Papier
(hergestellt aus chlorfrei gebleichtem Zellstoff)

Vorwort

Dieses Büchlein soll Studierende aller Semester sowie Referendarinnen und Referendare beim Wiederholen und Vertiefen strafrechtlicher Standardprobleme unterstützen. Es ist der zweite Teil der in derselben Reihe erschienenen „Meinungsstreite zum Strafrecht AT und BT/1" sowie der „Meinungsstreite zum Strafrecht BT/3". Als ideale Ergänzung eignet sich der ebenfalls in der Reihe erschienene Band „Definitionen und Schemata Strafrecht".

Für die vielen guten Anmerkungen von Leserinnen und Lesern der ersten Auflage möchten wir uns an dieser Stelle sehr herzlich bedanken. Über konstruktive Kritik und weitere Verbesserungsvorschläge freuen wir uns auch weiterhin unter jurakompakt@beck.de.

Allen Leserinnen und Lesern wünschen wir ein effizientes Lernen und viel Glück und Erfolg für die Prüfungen!

Rostock/München, im August 2012   *Prof. Dr. Christian Fahl*
                                          Dr. Klaus Winkler

Zum Gebrauch

Meinungsstreite kommen nur an einer Stelle der Klausur und Hausarbeit vor, nämlich dort, wo es mehrere Auslegungen gibt oder mehrere Auslegungen möglich erscheinen. Dann muss entschieden werden, welche die richtige ist, bevor der Subsumtionsvorgang mit der Conclusio („Also ist x gegeben/nicht gegeben") abgeschlossen werden kann – es sei denn, sie führen in concreto zu demselben Ergebnis, dann kann der Streit im Ergebnis (aber auch nur im Ergebnis) „offen" bleiben. Da es dabei immer um die richtige Auslegung (eines Wortes, eines Satzes, eines ganzen Gesetzes) geht, sind Bezugnahmen auf die konkret handelnden Personen hier (wie auch bei der Definition eines Merkmals) zu vermeiden und der Streit immer abstrakt – d.h. losgelöst (vom Sachverhalt) – zu entscheiden (richtig: „Eine Meinung verlangt, dass der Täter ..."; falsch: „Eine Meinung verlangt, dass der A ..."). Erst bei der Subsumtion des Sachverhaltes unter den durch die Definition oder den Meinungsstreit konkretisierten Obersatz dürfen wieder Teile des ausgeteilten Sachverhaltstextes auftauchen. Bei der Darstellung von Meinungsstreitigkeiten sollte man nicht gleich mit der Tür ins Haus fallen, sondern zunächst einmal sagen, worin das Problem liegt. Das kann mit einer (abstrakt formulierten) Frage geschehen („Fraglich ist, wie der Hintermann zu bestrafen ist, wenn sich der Vordermann irrt") oder auch nur mit einem Stichwort, wenn das Problem darunter bekannt ist („error in persona"). Als nächstes kann noch der Satz folgen: „Das ist streitig" (zur Abwechslung, „umstritten", oder falls man darüber nur streiten kann, aber gar nicht streitet, „zweifelhaft"). Außerdem braucht man dafür mindestens zwei Meinungen oder Möglichkeiten (hier: „e.M.", „a.M." für „eine Meinung, andere Meinung") und ein Argument gegen die erste und für die zweite (hier: „(dagg.)" für: „Dagegen spricht aber ..."). Dann noch kurz die Conclusio (s.o.) und schon kann man sich dem nächsten Tatbestandsmerkmal zuwenden usw. Dass es (natürlich) auch Argumente gegen die zweite Meinung gibt – sonst würde ja die erste Meinung nicht existieren (besser nicht „M.M.", sondern neutral „andere Meinung", es könnte ja sein, dass ausgerechnet dieser Korrektor ihr anhängt) – unterschlagen wir am besten. Andernfalls benötigten wir aus logischen Gründen, um weiterzukommen, ein weiteres Argument, das dieses wieder entkräftet (und damit entweder wieder für diese Meinung oder für eine dritte spricht). Am besten beginnt man – wie bei Tatbeständen, z.B. bei der Abgrenzung von Betrug und Diebstahl, mit dem, was man ablehnt. Dazu muss man freilich vorher wissen, welcher Meinung man folgen möchte. Dabei hilft die Erstellung einer Lösungsskizze vor der Niederschrift. Will man auf Nummer sicher gehen, folgt man der „h.M.", die deshalb meistens unten steht. Doch sollte man diese nicht so nennen, weil es erstens kein Argument ist, dass eine Meinung von der Mehrzahl vertreten wird, und zweitens niemand so genau sagen kann, ob es tatsächlich die „herrschende" Meinung ist. Man kann den (jeden!) Streit aber auch „umdrehen", also die im Buch als letzte Meinung dargestellte voranstellen, ablehnen und der ersten folgen: Dafür braucht man dann dasjenige Argument, das für diese Meinung spricht und hier gelegentlich mit „(arg.)" für „argumentum" bezeichnet wird (manchmal aber auch in der Darstellung dieser Meinung, häufig hinter einem Semikolon, versteckt ist). Innerhalb derselben Klausur oder Hausarbeit darf man aber nicht einmal dieser und ein anderes Mal der anderen Meinung folgen!

Inhaltsverzeichnis

Vorwort..V

Zum Gebrauch..V

Abkürzungs- und Literaturverzeichnis IX

Besonderer Teil.. 1
   § 211 Mord.. 1
   § 212 Totschlag... 9
   § 216 Tötung auf Verlangen.. 15
   § 218 Schwangerschaftsabbruch 18
   § 218a Straflosigkeit des Schwangerschaftsabbruchs.................. 20
   § 218b Schwangerschaftsabbruch ohne ärztliche
       Feststellung, unrichtige ärztliche Feststellung................. 20
   § 218c Ärztliche Pflichtverletzung bei einem Schwanger-
       schaftsabbruch 21
   § 221 Aussetzung.. 21
   § 223 Körperverletzung.. 23
   § 224 Gefährliche Körperverletzung... 27
   § 225 Misshandlung von Schutzbefohlenen................................ 30
   § 226 Schwere Körperverletzung 31
   § 227 Körperverletzung mit Todesfolge....................................... 34
   § 228 Einwilligung.. 36
   § 231 Beteiligung an einer Schlägerei... 36
   § 238 Nachstellung.. 39
   § 239 Freiheitsberaubung 40
   § 239a Erpresserischer Menschenraub 44
   § 239b Geiselnahme 45
   § 240 Nötigung 50
   § 242 Diebstahl 56
   § 243 Besonders schwerer Fall des Diebstahls............................ 67
   § 244 Diebstahl mit Waffen; Bandendiebstahl;
       Wohnungseinbruchdiebstahl... 73
   § 246 Unterschlagung 77
   § 247 Haus- und Familiendiebstahl... 82
   § 248a Diebstahl und Unterschlagung geringwertiger Sachen 84
   § 248b Unbefugter Gebrauch eines Fahrzeugs............................. 85

§ 248c Entziehung elektrischer Energie 86
§ 249 Raub 87
§ 250 Schwerer Raub 89
§ 251 Raub mit Todesfolge 92
§ 252 Räuberischer Diebstahl 93
§ 253 Erpressung 95
§ 255 Räuberische Erpressung 98
§ 257 Begünstigung 99
§ 258 Strafvereitelung 103
§ 259 Hehlerei 107
§ 261 Geldwäsche; Verschleierung unrechtmäßig erlangter
   Vermögenswerte ...` 113
§ 263 Betrug 117
§ 263a Computerbetrug 134
§ 264 Subventionsbetrug 145
§ 264a Kapitalanlagebetrug 146
§ 265 Versicherungsmissbrauch 146
§ 265a Erschleichen von Leistungen 148
§ 265b Kreditbetrug 150
§ 266 Untreue 151
§ 266a Vorenthalten und Veruntreuen von Arbeitsentgelt 159
§ 266b Missbrauch von Scheck- und Kreditkarten 160

Stichwortverzeichnis 165

Abkürzungs- und Literaturverzeichnis

Abs.	Absatz
Alpmann/Schmidt, AT/1	*Alpmann/Schmidt,* Strafrecht. Allgemeiner Teil 1; 15. Aufl. 2011 (zit. nach Fall-Nr.)
Alt.	Alternative(n)
a.F.	alte Fassung
AG	Aktiengesellschaft
AGB	Allgemeine Geschäftsbedingungen
AktG	Aktiengesetz
a.M.	andere Meinung (oder Möglichkeit)
AO	Abgabenordnung
arg.	Argument(um)
AT	Allgemeiner Teil
Aufl.	Auflage
BAK	Blutalkoholkonzentration
Baumann/Weber/Mitsch, AT	*Baumann, Jürgen/Weber, Ulrich/Mitsch, Wolfgang,* Strafrecht. Allgemeiner Teil, 11. Aufl. 2003 (zit. nach § und Rn.)
BeamtStG	Beamtenstatusgesetz
Bearb.	Bearbeiter
Beulke, KK I	*Beulke, Werner,* Klausurenkurs im Strafrecht I: Ein Fall- und Repetitionsbuch für Anfänger, 5. Aufl. 2010 (zit. nach Rn.)
Beulke, KK II	*Beulke, Werner,* Klausurenkurs im Strafrecht II: Ein Fall- und Repetitionsbuch für Fortgeschrittene, 2. Aufl. 2010 (zit. nach Rn.)
Beulke, KK III	*Beulke, Werner,* Klausurenkurs im Strafrecht III: Ein Fall- und Repetitionsbuch für Examenskandidaten, 3. Aufl. 2009 (zit. nach Rn.)
BGB	Bürgerliches Gesetzbuch
BT	Besonderer Teil
bzgl.	bezüglich
bzw.	beziehungsweise
ca.	circa
CR	Computer und Recht
dagg.	dagegen (Gegenargument)
ders.	derselbe
d.h.	das heißt
dies.	dieselbe(n)
Eisele, BT/1	*Eisele, Jörg,* Strafrecht. Besonderer Teil I: Straftaten gegen die Person und die Allgemeinheit, 2. Aufl. 2012 (zit. nach Rn.)

Eisele, BT/2	_Eisele, Jörg,_ Strafrecht. Besonderer Teil II: Eigentumsdelikte und Vermögensdelikte, 2. Aufl. 2012 (zit. nach Rn.)
e.M.	eine Meinung
etc.	et cetera
evtl.	eventuell
f.	folgende(r)
ff.	folgende
Fahl/Winkler, Definitionen	_Fahl, Christian/Winkler, Klaus,_ Definitionen und Schemata Strafrecht, 4. Aufl. 2011 (zit. nach Rn.)
Fischer	_Fischer, Thomas,_ Strafgesetzbuch und Nebengesetze, Kommentar, 59. Aufl. 2012 (zit. nach § und Rn.)
Freund, AT	_Freund, Georg,_ Strafrecht. Allgemeiner Teil: Personale Straftatlehre, 2. Aufl. 2009 (zit. nach § und Rn.)
Frister, AT	_Frister, Helmut,_ Strafrecht. Allgemeiner Teil, 5. Aufl. 2011 (zit. nach Rn.)
gem.	gemäß
GG	Grundgesetz
ggf.	gegebenenfalls
GmbH	Gesellschaft mit beschränkter Haftung
Gössel, BT/2	_Gössel, Karl Heinz,_ Strafrecht. Besonderer Teil, Band 2, 1. Aufl. 1996 (zit. nach § und Rn.)
grds.	grundsätzlich
Gropp, AT	_Gropp, Walter,_ Strafrecht. Allgemeiner Teil, 3. Aufl. 2005 (zit. nach § und Rn.)
Haft, AT	_Haft, Fritjof,_ Strafrecht. Allgemeiner Teil, 9. Aufl. 2004 (zit. nach S.)
Haft, BT/2	_Haft, Fritjof,_ Strafrecht. Besonderer Teil II: Delikte gegen die Person und die Allgemeinheit, 8. Aufl. 2005 (zit. nach S.)
Heinrich, AT/1	_Heinrich, Bernd,_ Strafrecht. Allgemeiner Teil, Band 1; 2. Aufl. 2010 (zit. nach Rn.)
Heinrich, AT/2	Strafrecht. Allgemeiner Teil, Band 2; 2. Aufl. 2010 (zit. nach Rn.)
Hilgendorf, Fallsammlung	_Hilgendorf, Eric,_ Fallsammlung zum Strafrecht, 5. Aufl. 2008 (zit. nach Fall-Nr.)
Hillenkamp, Probleme AT	_Hillenkamp, Thomas,_ 32 Probleme aus dem Strafrecht. Allgemeiner Teil; 13. Aufl. 2010 (zit. nach Problem-Nr.)
Hillenkamp, Probleme BT	40 Probleme aus dem Strafrecht. Besonderer Teil; 11. Aufl. 2009 (zit. nach Problem-Nr.)
HK-GS/_Bearb._	_Dölling, Dieter/Duttge, Gunnar/Rössner, Dieter_ (Hrsg.), Handkommentar Gesamtes Strafrecht, StGB, StPO, Nebengesetze. Handkommentar; 2. Aufl. 2011 (zit. nach § und Rn.)
h.M.	herrschende Meinung

h.L. .... herrschende Lehre
HS .... Halbsatz
inkl. .... inklusive
insb. . ... insbesondere
i.d.R. .... in der Regel
i.S.(d.) .... im Sinne (der/des)
i.V.m. .... in Verbindung mit
JA .... Juristische Arbeitsblätter
JA-R .... Juristische Arbeitsblätter Rechtsprechung
Jäger, AT .... *Jäger, Christian,* Examens-Repetitorium. Straf-
                                     recht. Allgemeiner Teil, 5. Aufl. 2011 (zit. nach Rn.)
Jäger, BT .... *Jäger, Christian,* Examens-Repetitorium. Straf-
                                     recht. Besonderer Teil, 4. Aufl. 2011 (zit. nach Rn.)
Jakobs, AT .... *Jacobs, Günther,* Strafrecht. Allgemeiner Teil.
                                     Studienausgabe. Die Grundlagen und die Zurech-
                                     nungslehre, 2. Aufl. 1993 (zit. nach Rn.)
JGG .... Jugendgerichtsgesetz
Jescheck/Weigend, AT .... *Jescheck, Hans-Heinrich/Weigend, Thomas,* Lehr-
                                     buch des Strafrechts: Allgemeiner Teil, 5. Aufl.
                                     1996 (zit. nach §)
Joecks .... Strafgesetzbuch – Studienkommentar; 9. Aufl.
                                     2010 (zit. nach § und Rn.)
Jura .... Juristische Ausbildung
JuS .... Juristische Schulung
Kindhäuser, AT .... Strafrecht. Allgemeiner Teil; 5. Aufl. 2011 (zit.
                                     nach § und Rn.)
Kindhäuser, BT/1 .... Strafrecht. Besonderer Teil I: Straftaten gegen
                                     Persönlichkeitsrechte, Staat und Gesellschaft,
                                     5. Aufl. 2011 (zit. nach § und Rn.)
Kindhäuser, BT/2 .... Strafrecht. Besonderer Teil II: Straftaten gegen
                                     Vermögensrechte, 6 Aufl. 2011 (zit. nach § und Rn.)
Krey/Esser .... *Krey, Volker/Esser, Robert,* Deutsches Strafrecht
                                     Allgemeiner Teil, 5. Aufl. 2012 (zit. nach Rn.)
Krey/Heinrich .... *Krey, Volker/Heinrich, Manfred,* Strafrecht. Be-
                                     sonderer Teil, Band 1, 14. Aufl. 2008 (zit. nach
                                     Rn.)
Krey/Hellmann .... *Krey, Volker/Hellmann, Uwe,* Strafrecht. Besonde-
                                     rer Teil, Band 2, 15. Aufl. 2008 (zit. nach Rn.)
Kudlich, AT, PdW .... *Kudlich, Hans,* Strafrecht. Allgemeiner Teil. Prüfe
                                     dein Wissen, 3. Aufl. 2009 (zit. nach Nr.)
Kudlich, BT/1, PdW .... *Kudlich, Hans,* Strafrecht. Besonderer Teil I (Ver-
                                     mögensdelikte). Prüfe Dein Wissen, 2. Aufl. 2007
                                     (zit. nach Nr.)
Kudlich, BT/2, PdW .... *Kudlich, Hans,* Strafrecht. Besonderer Teil II (De-
                                     likte gegen die Person und die Allgemeinheit).
                                     Prüfe Dein Wissen, 2. Aufl. 2009 (zit. nach Nr.)
Kühl, AT .... *Kühl, Kristian,* Strafrecht. Allgemeiner Teil,
                                     6. Aufl. 2008 (zit. nach § und Rn.)

Küper, BT .... *Küper, Wilfried*, Strafrecht. Besonderer Teil: Definitionen mit Erläuterungen, 7. Aufl. 2008 (zit. nach S.)

Küpper, BT/1 .... *Küpper, Georg*, Strafrecht. Besonderer Teil 1: Delikte gegen Rechtsgüter der Person und Gemeinschaft, 3. Aufl. 2006 (zit. nach § und Rn.)

Lackner/Kühl .... *Lackner, Karl/Kühl, Kristian*, Strafgesetzbuch (StGB): Kommentar mit Erläuterungen, 27. Aufl. 2011 (zit. nach § und Rn.)

LK/*Bearb.* .... Leipziger Kommentar zum Strafgesetzbuch. Großkommentar, 12. Aufl. 2006 ff. (11. Aufl. 1992 ff.) (zit. nach § und Rn.)

LPK/*Bearb.* .... *Kindhäuser, Urs*, Strafgesetzbuch. Lehr- und Praxiskommentar, 4. Aufl. 2010 (zit. nach § und Rn.)

Maurach/Gössel/Zipf, AT/2 *Maurach, Reinhart/Gössel, Karl Heinz/Zipf, Heinz*, Strafrecht. Allgemeiner Teil, Teilband 2: Erscheinungsformen des Verbrechens und Rechtsfolgen der Tat, 9. Aufl. 2011 (zit. nach § und Rn.)

Maurach/Schroeder/
Maiwald, BT/1 .... *Maurach, Reinhart/Schroeder, Friedrich-Christian/Maiwald, Manfred*, Strafrecht. Besonderer Teil, Teilband 1: Straftaten gegen Persönlichkeits- und Vermögenswerte, 10. Aufl. 2009 (zit. nach § und Rn.)

Maurach/Schroeder/
Maiwald, BT/2 .... *Maurach, Reinhart/Schroeder, Friedrich-Christian/Maiwald, Manfred*, Strafrecht. Besonderer Teil, Teilband 2: Straftaten gegen Gemeinschaftswerte; 9. Aufl. 2005 (zit. nach § und Rn.)

MRK .... Europäische Konvention zum Schutze der Menschenrechte und Grundfreiheiten (Menschenrechtskonvention)

MüKo/*Bearb.* .... Münchener Kommentar zum Strafgesetzbuch, 2. Aufl. 2011 ff. (1. Aufl. 2003 ff.) (zit. nach § und Rn.)

NJW .... Neue Juristische Wochenzeitschrift

NStZ .... Neue Zeitschrift für Strafrecht

NK/*Bearb.* .... Nomos Kommentar zum Strafgesetzbuch. 3. Aufl. 2010 (zit. nach § und Rn.)

Nr. .... Nummer

Otto, AT .... *Otto, Harro*, Grundkurs Strafrecht. Allgemeine Strafrechtslehre; 7. Aufl. 2004 (zit. nach § und Rn.)

Otto, BT .... *Otto, Harro*, Grundkurs Strafrecht. Die einzelnen Delikte; 7. Aufl. 2005 (zit. nach § und Rn.)

Rengier, AT .... *Rengier, Rudolf*, Strafrecht. Allgemeiner Teil, 4. Aufl. 2012 (zit. nach § und Rn.)

Rengier, BT/1 .... Strafrecht. Besonderer Teil I: Vermögensdelikte, 14. Aufl. 2012 (zit. nach § und Rn.)

Rengier, BT/2 .... Strafrecht. Besonderer Teil II: Delikte gegen die Person und die Allgemeinheit, 13. Aufl. 2012 (zit. nach § und Rn.)

Rn. .... Randnummer

Roxin, AT/1 .... *Roxin, Claus,* Strafrecht. Allgemeiner Teil. Band I: Grundlagen. Der Aufbau der Verbrechenslehre, 4. Aufl. 2005 (zit. nach § und Rn.)

Roxin, AT/2 .... Strafrecht. Allgemeiner Teil. Band II: Besondere Erscheinungsformen der Straftat, 1. Aufl. 2003 (zit. nach § und Rn.)

Rspr. .... Rechtsprechung

s. .... siehe

S. .... Satz/Seite

Schmidhäuser, BT .... *Schmidhäuser, Eberhard,* Strafrecht. Besonderer Teil, 2. Aufl. 1983 (zit. nach Rn.)

Schmidt, AT .... *Schmidt, Rolf,* Strafrecht. Allgemeiner Teil, 10. Aufl. 2011 (zit. nach Rn.)

Schmidt/Priebe, BT/1 .... *Schmidt, Rolf/Priebe, Klaus* Strafrecht. Besonderer Teil I: Straftaten gegen die Person und die Allgemeinheit, 10. Aufl. 2011 (zit. nach Rn.)

Schmidt/Priebe, BT/2 .... Strafrecht. Besonderer Teil II: Straftaten gegen das Vermögen; 10. Aufl. 2011 (zit. nach Rn.)

Schönke/Schröder/*Bearb.* *Schönke, Adolf/Schröder, Horst,* Strafgesetzbuch (StGB), Kommentar; 28. Aufl. 2010 (zit. nach § und Rn.)

SK/*Bearb.* .... Systematischer Kommentar zum Strafgesetzbuch. 8. Aufl. 2011. Stand: 130. Lieferung (Oktober 2011) (zit. nach § und Rn.)

s.o. .... siehe oben

sog. .... sogenannte(r)

SSW/*Bearb.* .... *Satzger, Helmut/Schmitt, Bertram/Widmaier, Günter,* StGB – Strafgesetzbuch, Kommentar, 1. Aufl. 2009 (zit. nach § und Rn.)

StGB .... Strafgesetzbuch

StPO .... Strafprozessordnung

Stratenwerth/Kuhlen, AT ... *Stratenwerth, Günther/Kuhlen, Lothar,* Strafrecht. Allgemeiner Teil I: Die Straftat, 6. Aufl. 2011 (zit. nach § und Rn.)

StVO .... Straßenverkehrsordnung

StVollzG .... Strafvollzugsgesetz

str. .... streitig/strittig

s.u. .... siehe unten

TAN .... Transaktionsnummer

u.U. .... unter Umständen

usw. .... und so weiter

Var. .... Variante

VG .... Verwaltungsgericht

vgl. .... vergleiche

Wessels/Beulke .... *Wessels, Johannes/Beulke, Werner,* Strafrecht. Allgemeiner Teil: Die Straftat und ihr Aufbau, 41. Aufl. 2011 (zit. nach Rn.)

Wessels/Hettinger .... *Wessels, Johannes/Hettinger, Michael,* Strafrecht. Besonderer Teil 1: Straftaten gegen Persönlichkeits- und Gemeinschaftswerte, 35. Aufl. 2011 (zit. nach Rn.)

Wessels/Hillenkamp .... *Wessels, Johannes/Hillenkamp, Thomas* Strafrecht. Besonderer Teil 2: Straftaten gegen Vermögenswerte, 34. Aufl. 2011 (zit. nach Rn.)

Wittig .... *Wittig, Petra* Wirtschaftsstrafrecht, 2010 (zit. nach § und Rn.)

z.B. .... zum Beispiel

zit. .... zitiert

ZPO .... Zivilprozessordnung

ZStW .... Zeitschrift für die gesamte Strafrechtswissenschaft

§§ ohne Gesetzesangabe sind solche des Strafgesetzbuchs.

Besonderer Teil

§ 211 Mord

Aufbauschema   1

I. **Tatbestand**
  1. Objektiver Tatbestand
     a) Objektiver Tatbestand des § 212 I
     b) Tatbezogene Mordmerkmale (2. Gruppe)
        aa) Heimtücke ⇨ *Rn. 12 ff.*
        bb) Grausam ⇨ *Rn. 16*
        cc) Mit gemeingefährlichen Mitteln
  2. Subjektiver Tatbestand
     a) Vorsatz bzgl. § 212 I und tatbezogener Mordmerkmale (2. Gruppe)
     b) Spezielle Absichten (täterbezogene Mordmerkmale, 3. Gruppe)
        ⇨ *Rn. 2 f.*
        aa) Ermöglichungsabsicht ⇨ *Rn. 17 ff.*
        bb) Verdeckungsabsicht ⇨ *Rn. 17 ff.*
     c) Sonstige besondere subjektive Merkmale (täterbezogene Mordmerk-
        male, 1. Gruppe) ⇨ *Rn. 2 f.*
        aa) Mordlust
        bb) Zur Befriedigung des Geschlechtstriebs ⇨ *Rn. 5 f.*
        cc) Habgier ⇨ *Rn. 7 ff.*
        dd) Sonstige niedrige Beweggründe ⇨ *Rn. 10 f.*
II. **Rechtswidrigkeit**
III. **Schuld**
IV. **Strafzumessung**
   Strafmilderungsmöglichkeit nach § 49 I Nr. 1 ⇨ *Rn. 4*

Ist auf „täterbezogene Mordmerkmale" (§ 211 II 1. und 3. Gruppe) § 28 I, II oder § 29 anzuwenden?	– **Rspr.:** Mord ist „delictum sui generis"; darum ist § 28 I anzuwenden („Merkmale, welche die Strafbarkeit begründen").	2
	(arg.) Wortlaut des § 212 („ohne Mörder zu sein")	
	(dagg.) Das ermöglicht z.B. dann keine gerechte Bestrafung, wenn Mordmerkmale beim Teilnehmer vorliegen, die dem Täter fehlen (umgekehrter Fall des § 28 I).	

	– **a.M.**: Mordmerkmale sind spezielle Schuldmerkmale, die die Schuld „qualifizieren"; darum ist § 29 I („jeder […] nach seiner Schuld") anzuwenden. **(dagg.)** D.h. es handelt sich um einen „Qualifikationstatbestand". – **h.L.**: „Mord" ist ein qualifizierter Totschlag; darum ist § 28 II anzuwenden (das führt im obigen Beispiel zu einer sog. Tatbestands- bzw. Strafrahmenverschiebung beim Teilnehmer). **Zur Vertiefung:** *Joecks*, Vor § 211 Rn. 10 ff.; *Schmidt/Priebe*, BT 1, Rn. 147 ff.
3 Wie wirkt es sich aus, wenn der Täter ein besonderes persönliches Merkmal verwirklicht und der Teilnehmer ein anderes (sog. „gekreuzte" Mordmerkmale)?	– **Rspr.**: Anzuwenden ist § 28 I (s.o. Rn. 2), doch ist eine Strafmilderung unbillig und hat daher zu unterbleiben. **(dagg.)** § 28 I erst für anwendbar zu erklären, dann aber die Strafmilderung zu versagen, ist inkonsequent und widerspricht dem Wortlaut („ist … zu mildern"). – **a.M.**: Jeder ist gem. § 29 I „nach seiner Schuld" (also wegen Mordes) zu bestrafen. **(dagg.)** Dasselbe Ergebnis ist dogmatisch richtiger über § 28 II zu erreichen. – **h.L.**: Mord ist ein qualifizierter Totschlag; darum ist § 28 II anzuwenden („Strafbarkeit […] schärfen"). **Zur Vertiefung:** LPK/*Kindhäuser*, § 211 Rn. 47 f.; *Schmidt/Priebe*, BT 1, Rn. 153 ff.
4 Wie ist der Mordtatbestand verfassungskonform einzuschränken?	– **Rspr.** (sog. Rechtsfolgenlösung): Die lebenslange Freiheitsstrafe kann in bestimmten Fällen gem. § 49 I gemildert werden. **(dagg.)** Das ist contra legem (§ 49 I: „Milderung nach dieser Vorschrift" weder „vorgeschrieben" noch „zugelassen"). – **e.M.** (sog. negative Typenkorrektur): Mordmerkmale haben nur „indizielle Bedeutung".

	(dagg.) § 211 ist keine Strafzumessungs-regel, sondern Tatbestand.
	– **a.M.** (sog. positive Typenkorrektur): Als ungeschriebenes (zusätzliches) Tatbe-standsmerkmal ist die „besondere Ver-werflichkeit" (positiv) in den Mordtatbe-stand hineinzulesen.
	(dagg.) Es käme zu einem „Superlativ" der Verwerflichkeit. Ein „niedriger Beweg-grund" steht an sich schon auf tiefster Stu-fe und ist besonders verachtenswert, das ist nicht mehr steigerbar.
	– **h.L.:** Die einzelnen Mordmerkmale sind „restriktiv auszulegen" (z.B. „in feindlicher Willensrichtung" zum Ausschluss von mercy-killings – Gnadentötungen etc.).
	Zur Vertiefung: LPK/*Kindhäuser*, § 211 Rn. 5 ff.
Ist zwischen der Tötung und der erstrebten „Be-friedigung des Ge-schlechtstriebes" (§ 211 II 1. Gruppe) ein unmit-telbarer zeitlicher und räumlicher Zusammen-hang erforderlich (Kan-nibalen-Fall)?	– **e.M.:** Ja, erfasst wird sowohl die Tötung aus geschlechtlicher Lust (Lustmörder) wie auch die Tötung zum Zwecke des an-schließenden Geschlechtsverkehrs mit der Leiche, immer muss aber ein unmittelbarer Zusammenhang bestehen; das verlangt der Wortlaut („zur …"). **5**
	(dagg.) Der Wortlaut verlangt lediglich, dass die Tötung Mittel zum Zweck ist.
	– **h.M.:** Nein, so dass es ausreicht, wenn die sexuelle Befriedigung z.B. erst bei einer späteren Betrachtung der Videoaufnahme von der Tötung erreicht werden soll.
	Zur Vertiefung: *Joecks*, § 211 Rn. 12a; LK/*Jähn-ke*, § 211 Rn. 7; *Schmidt/Priebe*, BT 1, Rn. 113 ff.
Müssen das Opfer und die Person, auf die sich das sexuelle Begehren (§ 211 II 1. Gruppe) be-zieht, identisch sein?	– **e.M.:** Nein (Wortlaut), so dass auch die Tötung eines das Geschehen hindernden Dritten erfasst wird. **6**
	(dagg.) Das wird schon von § 211 II 3. Gruppe erfasst.

		— **h.M.:** Ja.
		Zur Vertiefung: LPK/*Kindhäuser*, § 211 Rn. 10; *Maurach/Schroeder/Maiwald*, BT 1, § 2 Rn. 32
7	Handelt „habgierig" (§ 211 II 1. Gruppe), wer sich lediglich Aufwendungen ersparen will?	— **e.M.:** Nein, „Habgier" erfasst schon vom Wortlaut her nur den Zuwachs.
		(dagg.) Auch die Ersparnis von Zahlungen ist eine Form des Reicherwerdens.
		— **h.M.:** Ja, beides ist wertungsmäßig gleich zu behandeln, auch die „Behaltegier" wird damit erfasst.
		Zur Vertiefung: *Joecks*, § 211 Rn. 15; *Wessels/ Hettinger*, Rn. 94b
8	Liegt „Habgier" vor, wenn der Täter einen Anspruch auf die Leistung hat?	— **e.M.:** Nein, „gierig" ist nur, wer etwas will, auf das er keinen Anspruch hat.
		(dagg.) Man kann auch nach dem „gieren", das einem zusteht, solange man es noch nicht hat.
		— **h.M.:** Ja.
		Zur Vertiefung: LPK/*Kindhäuser*, § 211 Rn. 12; *Mitsch*, JuS 1996, 121, 123
9	Liegt „Habgier" auch vor, wenn es dem Täter nicht auf den wirtschaftlichen Wert (z.B. des Rauschgifts), sondern auf Suchtbefriedigung ankommt?	— **e.M.:** Nein, auch die „Befriedigung des Geschlechtstriebes" ist eigens aufgezählt.
		(dagg.) Solche Geschlechtspraktiken haben aber auch keinen Marktwert (anders als Drogen).
		— **h.M.:** Ja.
		Zur Vertiefung: LPK/*Kindhäuser*, § 211 Rn. 12
10	Ist Eifersucht ein „niedriger Beweggrund" (§ 211 II 1. Gruppe)?	— **e.M.:** Ja, „Eifersucht" steht sittlich „auf tiefster Stufe".
		(dagg.) Ein wenig Eifersucht ist (wie Gewinnstreben, das nur Habgier ist, wenn es übersteigert ist) ganz normal.
		— **h.M.** differenziert: Nicht die normale, nur die krankhafte, übersteigerte Eifersucht

	(„Wenn ich sie nicht haben kann, soll sie auch kein anderer haben") erfüllt den Tatbestand. **Zur Vertiefung:** LPK/*Kindhäuser*, § 211 Rn. 14	
Kommt es auf die Anschauungen des Täters bzw. seines Kulturkreises bei der Beurteilung an, ob ein Beweggrund „sittlich" auf tiefster Stufe steht (Blutrache, Ehrenmord)?	– **e.M.:** Ja, „Sitten" sind je nach Kultur verschieden. **(dagg.)** Das würde nicht integrationswillige Ausländer bevorzugen. – **h.M.:** Nein, es kommt auf die in Deutschland gültigen Sitten an (der Irrtum darüber ist Verbotsirrtum, nicht Tatbestandsirrtum). **Zur Vertiefung:** *Fischer*, § 211 Rn. 29 ff.; *Grünewald*, NStZ 2010, 1 ff.	**11**
Verlangt „Heimtücke" (§ 211 II 2. Gruppe) einen verwerflichen Vertrauensbruch?	– **e.M.:** Ja, „Tücke" verlangt etwas Hinterlistig-Verschlagenes; der Mordtatbestand bedarf einer einschränkenden („restriktiven") Auslegung (s.o. Rn. 4). **(dagg.)** Dann wäre selbst ein Auftragskiller kein Mörder. – **h.M.:** Nein, ein besonderes Vertrauensverhältnis zum Opfer ist nicht erforderlich. **Zur Vertiefung:** *Joecks*, § 211 Rn. 33; LPK/*Kindhäuser*, § 211 Rn. 23	**12**
Schließt die Tatsache, dass ein Streit vorangegangen ist, die „Arglosigkeit" aus?	– **e.M.:** Ja, wer streitet, ist „auf der Hut". **(dagg.)** Es kommt auf den zeitlichen Abstand an. – **h.M.:** Nein, wenn das Opfer den Streit für beendet hielt und daher seine Deckung aufgegeben hat. **Zur Vertiefung:** *Joecks*, § 211 Rn. 27	**13**
Ist die Tötung eines Schlafenden/Bewusstlosen „heimtückisch"?	– **e.M.:** Nein, wer schläft oder bewusstlos ist, ist unfähig zu Argwohn. **(arg.)** Dann wäre gerade die besonders verwerfliche Überraschung im Schlaf kaum je ein Mord.	**14**

	– **Rspr.**: Anders als der Bewusstlose, kann der Schlafende seine „Arglosigkeit" mit in den Schlaf nehmen. **(dagg.)** Entweder setzt Arglosigkeit positiv die Fähigkeit zum Argwohn voraus, dann fehlt sie beiden, oder es reicht etwas Negatives (die Abwesenheit von Argwohn), dann sind beide arglos. – **h.L.**: Ja, Bewusstlose und Schlafende sind – schon wegen der sonst möglichen Irrtümer – insoweit gleich zu behandeln (wie auch das Versetzen in diesen Zustand unstreitig Heimtücke ist). **Zur Vertiefung:** *Joecks*, § 211 Rn. 35 f.
15 Ist ein Heimtückemord an Kleinstkindern/Geisteskranken möglich?	– **e.M.**: Nein, bei ihnen beruht die Wehrlosigkeit nicht auf Arglosigkeit, sondern sie sind von Natur aus unfähig sich zu wehren oder Argwohn zu bilden (d.h. sie sind gewissermaßen „konstitutionell" arg- und wehrlos). **(dagg.)** Auch Kinder haben natürliche Abwehrinstinkte, die überwunden, oder schutzbereite Dritte, die abgelenkt werden können. – **h.M.**: Ja, jedenfalls in der letzten Fallgruppe ist Heimtücke zu bejahen. **Zur Vertiefung:** *Fahl*, JA 1999, 284 ff.
16 Ist es „grausam" (§ 211 II 2. Gruppe), wenn der Täter dem Opfer mit einem Hammer den Schädel einschlägt?	– **e.M.**: Ja, bei einem natürlichen Sprachgebrauch schon (wegen der damit verbundenen Schmerzen). **(dagg.)** Das Strafrecht hat seine eigenen Begriffe – jede Tötung ist mit Schmerzen und Qualen verbunden. – **h.M.**: Nein, wenn und soweit der Täter damit nicht „über das für die Tötung erforderliche Maß" (an Schmerzen und Qualen) hinausgeht. **Zur Vertiefung:** MüKo/*Schneider*, 1. Aufl., § 211 Rn. 112 f.

Schließt ein nur bedingter Tötungsvorsatz die „Ermöglichungs-" bzw. „Verdeckungsabsicht" (§ 211 II 3. Gruppe) aus?	**– e.M.:** Ja, nicht der Tötungsvorgang, sondern der Todeserfolg muss Mittel zur Ermöglichung oder Verdeckung der Straftat sein. **17**
	(dagg.) Die subjektiven Merkmale haben unterschiedliche Bezugspunkte (Ansicht bzgl. weiterer Straftaten; Vorsatz bzgl. der Tötung).
	– h.M.: Nein, Eventualvorsatz und Verdeckungsabsicht schließen sich nur dann aus, wenn das Ermöglichungs- oder Verdeckungsziel (nach der Vorstellung des Täters) nur durch erfolgreiche Tötungshandlung zu erreichen ist.
	Zur Vertiefung: *Beulke*, KK III, Rn. 682 (139. Problem); *Joecks*, § 211 Rn. 53 ff.
Setzt „Ermöglichungs-" bzw. „Verdeckungsabsicht" voraus, dass die zu ermöglichende/verdeckende Tat auch tatsächlich strafbar ist?	**– e.M.:** Ja, Wortlaut („Straftat"). **18**
	(dagg.) Für die Frage der Verwerflichkeit macht es keinen Unterschied, ob die Tat strafbar war oder der Täter nur glaubt, dass die Tat strafbar ist.
	– a.M.: Nein, auch (in Wahrheit) gerechtfertigte Taten oder Wahndelikte fallen darunter.
	Zur Vertiefung: *Haft*, BT 2, S. 114; LPK/*Kindhäuser*, § 211 Rn. 30
Kann „Straftat" auch eine Ordnungswidrigkeit sein?	**– e.M.:** Ja, für die Frage der Verwerflichkeit spielt es keine Rolle, ob die Tat wirklich strafbar ist (s.o. Rn. 18). **19**
	(dagg.) Wortlaut
	– h.M.: Nein, „Straftaten" sind nur solche, die den Tatbestand eines Strafgesetzes verwirklichen (vgl. § 11 I Nr. 5); für eine solche muss der Täter die Bezugstat halten.
	Zur Vertiefung: LPK/*Kindhäuser*, § 211 Rn. 30; *Maurach/Schroeder/Maiwald*, BT 1, § 2 Rn. 34

20	Muss die „Straftat" (bei § 211 II 3. Gruppe) auch „verfolgbar" sein?	— **e.M.:** Ja, fehlt eine Prozessvoraussetzung endgültig, so droht dem Täter keine Bestrafung wegen der zu ermöglichenden oder zu verdeckenden Straftat. **(dagg.)** Wortlaut (die „Verfolgbarkeit" lässt die „Strafbarkeit" unberührt) — **h.M.:** Nein, auf die Verfolgbarkeit kommt es weder subjektiv noch objektiv an. **Zur Vertiefung:** LPK/*Kindhäuser*, § 211 Rn. 30; SK/*Horn*, § 211 Rn. 64
21	Liegt „Verdeckungsabsicht" vor, wenn der Täter lediglich außerstrafrechtliche Konsequenzen vermeiden will?	— **e.M.:** Nein, bei diesem Mordmerkmal ging es historisch (vgl. § 187 PrStGB = § 214 a.F.) immer nur um den Schutz staatlicher Strafverfolgungsinteressen. **(dagg.)** Mord ist kein Rechtspflegedelikt; Strafgrund ist vielmehr die Verknüpfung von Unrecht mit weiterem Unrecht. — **h.M.:** Ja, ansonsten handelte es sich ohnehin um eine Tötung aus niedrigen Beweggründen. **Zur Vertiefung:** *Joecks*, § 211 Rn. 51 f.; *Lackner/Kühl*, § 211 Rn. 12
22	In welchem zeitlichen Verhältnis müssen Tötung und die zu verdeckende Straftat stehen?	— **e.M.:** Zu verdeckende Straftat und Tötung müssen im Verhältnis der Tatmehrheit (§ 53) zueinander stehen – also nicht: Liegenlassen nach Niederschlagen. **(dagg.)** Der Verdeckungsmord ist nur ein Unterfall der Tötung aus niedrigen Beweggründen, deren Verwirklichung auch keine zeitliche Zäsur erfordert. — **a.M.:** Zu verdeckende Straftat und Tötung müssen im Verhältnis der Tateinheit (§ 52) zueinander stehen – also nicht: um Jahre später zu betrügen, vergewaltigen etc. **(dagg.)** Auch das lässt sich dem Gesetz nicht entnehmen.

	– h.M.: Dazu ist keine pauschale Aussage möglich, es kommt entscheidend auf den Einzelfall an.
	Zur Vertiefung: *Joecks*, § 211 Rn. 46 ff.
Schließt Begehung durch Unterlassen (§ 13) „Verdeckungsabsicht" aus?	**– e.M.:** Ja, ein Mord in Verdeckungsabsicht kann nur durch positives Tun begangen werden, bei Unterlassungen ist kein final auf den Erfolg gerichteter Wille denkbar. **23**
	(dagg.) Die Vorstellung des Erfolgseintritts kann gerade Motivation zum Unterlassen sein.
	– h.M.: Nein, „Verdecken" setzt kein „Zudecken" voraus.
	Zur Vertiefung: *Beulke*, KK III, Rn. 684 (140. Problem); *Joecks*, § 211 Rn. 58 ff.; *Krey/Heinrich*, BT 1, Rn. 77c

§ 212 Totschlag

Aufbauschema   **1**

I. **Tatbestand**
  1. Objektiver Tatbestand
    a) Tatobjekt: Mensch ⇨ *Rn. 2 f.*
    b) Tathandlung/Erfolg: Tod ⇨ *Rn. 4 ff.*
    c) Kausalität
  2. Subjektiver Tatbestand ⇨ *Rn. 8 f.*
II. **Rechtswidrigkeit**
III. **Schuld**
IV. **Strafzumessung**
  Minder schwerer Fall, § 213

Beachte: *Qualifikation, § 211; Privilegierung, § 216*
          Fahrlässigkeitsdelikt, § 222

Ab wann ist man ein „Mensch"?	**– e.M.:** Abzustellen ist wie im Zivilrecht (§ 1 BGB) auf die „Vollendung der Geburt". **2**
	(arg.) Streichung des § 217 (Privilegierung bzgl. Tötung „in oder gleich nach der Geburt").

		(dagg.) Strafbarkeitslücken bei ärztlichen Kunstfehlern während der Geburt (da fahrlässiger Schwangerschaftsabbruch straflos ist)
		— **h.M.:** Abzustellen ist wie vor der Streichung des § 217 (anders als im Zivilrecht) auf den „Beginn der Geburt" (d.h. Einsetzen der Eröffnungswehen).
		Zur Vertiefung: *Joecks*, Vor § 211 Rn. 16 ff.
3	Ist ein „Mensch" i.S.d. §§ 211, 212 auch der Täter selbst (Strafbarkeit des Suizids)?	— **e.M.:** Ja, „Mensch" ist auch der Täter; der Grund für die Straflosigkeit des Selbstmord(versuch)s ist vielmehr der Ausschluss der Schuld infolge tiefgreifender Bewusstseinsstörung i.S.d. § 20 (subjektiv empfundene „notstandsähnliche" Ausweglosigkeit).
		(dagg.) Sinn und Zweck der Norm (aller Normen) ist nicht der Schutz des Opfers vor sich selbst, sondern vor den Angriffen anderer.
		— **h.M.:** Nein, der Selbstmord erfüllt schon den Tatbestand nicht; die Vorschriften sind so zu lesen, als stünde da „andere Person" (wie in § 223).
		Zur Vertiefung: *Schmidhäuser*, BT, Rn. 2/9
4	Ist Teilnahme am (frei verantworteten) Suizid strafbar?	— **e.M.:** Ja, nach § 216. Der Selbstmörder selbst wird lediglich mangels Schuld nicht bestraft und § 29 besagt, dass jeder Teilnehmer nach seiner Schuld bestraft wird.
		(dagg.) Der Selbstmord ist schon nicht tatbestandsgemäß (s.o. Rn. 3); damit fehlt es an einer „vorsätzlich begangenen rechtswidrigen Tat" i.S.d. § 27 (§ 11 Nr. 5).
		— **a.M.:** Der Teilnehmer ist als mittelbarer Täter (§ 25 I Alt. 2) mit dem Suizidenten als tatbestandslos handelndem Werkzeug zu bestrafen.

	(dagg.) Umdeutung der Teilnahme (an fremder Tat) in täterschaftliche Begehung der Tat („als eigene").
	— **h.M.:** Nein, Teilnahme (insb. Beihilfe) am (straflosen) Suizid ist (ebenfalls) straflos.
	Zur Vertiefung: *Wessels/Hettinger*, Rn. 43 ff.
Wann ist ein Selbstmord „frei verantwortet"?	— **e.M.:** Analog §§ 19, 20, 35 StGB, § 3 JGG dann, wenn der Selbstmörder, hätte er einen anderen getötet, exkulpiert wäre (sog. Exkulpationslösung). **5**
	(dagg.) Es kommt bei der Eigenverantwortlichkeit nicht auf das Alter, sondern auf die Mangelfreiheit der Willensbildung an.
	— **a.M.:** Analog zu den Regeln für die Wirksamkeit der Einwilligung in Fremdverletzungen (von § 216 abgesehen).
	Zur Vertiefung: LPK/*Kindhäuser*, Vor § 211 Rn. 25 f.
Ist es strafbar, wenn ein Arzt auf Wunsch des Patienten ein lebenserhaltendes Gerät abschaltet (sog. Behandlungsabbruch – passive Sterbehilfe – Euthanasie)?	— **e.M.:** Ja, es handelt sich nicht um eine „passive" Sterbehilfe (Sterbenlassen), sondern um eine „aktive" Tötung durch positives Tun (Abschalten). **6**
	(dagg.) Das Energieeinsatz-Kriterium und Kausalitätskriterien sind ungeeignet zur Abgrenzung, der Schwerpunkt der Vorwerfbarkeit liegt vielmehr auf einem Unterlassen (der Weiterbeatmung etc.).
	— **a.M.:** Nein, ebenso wie eine Behandlung gegen den Willen des Patienten ein Eingriff in sein Selbstbestimmungsrecht wäre, ist auch eine Weiterbehandlung ohne den Willen des Patienten als eine aufgedrängte Behandlung verboten; der Zurechnung des Erfolges an den Arzt steht das Eigenverantwortlichkeitsprinzip entgegen.
	(dagg.) Das gilt zwar bei der bloßen Selbstgefährdung, aber hier handelt es sich nicht um bloße Gefährdung.

– **a.M.:** Nein, es handelt sich um eine straflose Teilnahme am Suizid.

(dagg.) Die Tatherrschaft liegt beim Arzt.

– **a.M.:** Nein, es liegt ein tatbestandsausschließendes Einverständnis/eine rechtfertigende Einwilligung vor.

(dagg.) § 216

– **a.M.:** Nein, es fehlt der Vorsatz.

(dagg.) Der Arzt handelt wissentlich und willentlich.

– **a.M.:** Nein, es handelt sich um eine „rechtfertigende Pflichtenkollision".

(dagg.) Abgesehen davon, dass es sich dabei nur um einen besonderen Rechtfertigungsgrund bei Unterlassungsdelikten handelt, kollidieren hier keine „gleichwertigen" Güter.

– **a.M.:** Nein, es handelt sich um einen rechtfertigenden Notstand (§ 34).

(dagg.) Kein anderes Rechtsgut überwiegt das Rechtsgut Leben.

– **a.M.:** Nein, es handelt sich um einen übergesetzlichen Schuldausschließungsgrund (Unzumutbarkeit).

(dagg.) Nach dem Eid des Hippokrates ist die Lebenserhaltung dem Arzt immer zumutbar.

– **a.M.:** Nein, das Handeln des Arztes durch Unterlassen entspricht nicht dem Handeln durch ein Tun (§ 13).

(dagg.) Diese sog. Entsprechungsklausel ist bei Erfolgsdelikten funktionslos.

– **a.M.:** Nein, wie eine Garantenstellung (Einstehenmüssen) durch Vertrag entstehen kann, so kann sie auch durch Vertrag wieder entzogen werden („Wegfall der Garantenstellung").

	(dagg.) Das lässt aber nur Ärzte straffrei, nicht abbrechende Verwandte (Garantenstellung aus Familie). Weder die Art der Garantenstellung, noch die Einordnung als Tun oder Unterlassen darf aber über die Strafbarkeit des Täters entscheiden.
	— **Rspr.:** Nein, ein Behandlungsabbruch (Sterbehilfe durch Unterlassen, Begrenzen oder Beenden einer begonnenen medizinischen Behandlung) ist gerechtfertigt, wenn dies dem tatsächlichen oder mutmaßlichen Patientenwillen entspricht (§ 1901a BGB) und dazu dient, einem ohne Behandlung zum Tode führenden Krankheitsprozess seinen Lauf zu lassen.
	Zur Vertiefung: *Rengier,* BT/2, § 7 Rn. 7; *Hilgendorf,* Fallsammlung, Fall 12
Ist es strafbar, einem Sterbenskranken (Moribunden) schmerzstillende Mittel (Palliativa) zu verabreichen, von denen feststeht, dass sie das Leben verkürzen (sog. indirekte Sterbehilfe – Euthanasie)?	— **e.M.:** Nein, es handelt sich um ein „erlaubtes Risiko".
	(dagg.) Es handelt sich um kein „Risiko", wenn der Erfolg sicher ist.
	— **a.M.:** Nein, es fehlt der Vorsatz, da es sich um eine bloße Nebenwirkung handelt.
	(dagg.) Der dolus eventualis erfasst auch das.
	— **a.M.:** Nein, dem sozialen Handlungssinn nach (sog. soziale Handlungslehre) ist das kein „Töten", sondern Hilfe beim Sterben.
	Zur Vertiefung: *Joecks,* Vor § 211 Rn. 26 ff.
Liegt bei (erkannt) äußerst gefährlichen Gewaltanwendungen Tötungsvorsatz vor?	— **e.M.:** Ja, die Anwendung „äußerst gefährlicher Gewalt" (z.B. Fußballspielen mit dem Kopf des Opfers; Bordstein-Klatschen) spricht dafür, dass der Täter auch den Tod des Opfers „billigend in Kauf" nimmt.
	(dagg.) Aufgrund biologisch-genetischer Disposition schreckt der Mensch vor Tötungen eher zurück als vor Verletzungen.

7

8

	– **h.M.**: Vor Tötungen besteht eine erhöhte „Hemmschwelle", derzufolge bedingter Tötungsvorsatz auch bei „äußerst gefährlichen Gewaltanwendungen" häufig zugunsten eines bloßen Körperverletzungsvorsatzes ausscheidet (sog. Hemmschwellentheorie). **Zur Vertiefung:** *Fahl*, NStZ 1997, 392
9 Handelt mit Tötungsvorsatz, wer einen anderen mit HIV infiziert?	– **e.M.**: Nein, wegen der erhöhten „Hemmschwelle" ist davon auszugehen, dass der Täter darauf hofft, dass es zu keiner Infektion kommt oder die Krankheit wenigstens nicht oder erst nach Entdeckung eines Heilmittels ausbrechen wird. **(dagg.)** Mit dieser Hoffnung müsste auch Körperverletzungsvorsatz (§§ 223, 224 I Nr. 1) verneint werden. – **h.L.**: Ja, wer trotz Kenntnis seiner AIDS-Infektion ungeschützten Geschlechtsverkehr hat, nimmt auch in Kauf, dass dies zur Ansteckung und nach Ausbruch der Krankheit zum Tode des Opfers führt (bei Kenntnis des Opfers von der Infektion des Täters handelt es sich allerdings um eine einverständliche Selbst- bzw. gleich zu achtende Fremdgefährdung). **Zur Vertiefung:** *Schmidt/Priebe*, BT 1, Rn. 345 ff.; Schönke/Schröder/*Sternberg-Lieben*, § 15 Rn. 87a
10 Hat derjenige, der das Opfer mit Tötungsvorsatz verletzt hat, gegenüber diesem eine Garantenstellung aus „Ingerenz"?	– **e.M.**: Nein, dann wäre jede aktive Tötung zugleich Tötung durch Unterlassen. **(dagg.)** Dabei handelt es sich um eine Frage der Konkurrenzen. – **h.M.**: Ja, es kann keine Rolle spielen, ob der Täter das Opfer im Hinblick auf den möglichen Todeserfolg bedingt vorsätzlich oder fahrlässig gehandelt hat, wenn er erst nachher erkennt, dass die Verletzungen ohne sein Einschreiten tödlich sein werden. **Zur Vertiefung:** SK/*Rudolphi*, § 13 Rn. 42a

§ 216 Tötung auf Verlangen

Aufbauschema	**1**

I. Tatbestand
   1. Objektiver Tatbestand (unter Beachtung von § 16 II)
     a) Bestimmen zur Tötung durch den Getöteten ⇨ *Rn. 2, 4*
     b) Verlangen
     c) Ausdrücklich ⇨ *Rn.3*
     d) Ernsthaft
   2. Subjektiver Tatbestand
 II. Rechtswidrigkeit
   Einwilligung nicht rechtfertigend
 III. Schuld	

Ist „Bestimmen" wie in § 26 auszulegen oder reicht es, dass das Tötungsverlangen eines unter vielen Motiven ist?	– **e.M.:** Bestimmen heißt Hervorrufen des Tatentschlusses, d.h. das Verlangen muss das (einzige) Motiv sein. **(dagg.)** Das ist zu streng. – **h.M.:** Es genügt, dass das Verlangen das vorherrschende Motiv in einem Motivbündel war. **Zur Vertiefung:** Schönke/Schröder/*Eser*, § 216 Rn. 9; *Wessels/Hettinger*, Rn. 158	**2**
Kann ausdrückliches Verlangen auch konkludent erfolgen?	– **e.M.:** Nein, Wortlaut. **(dagg.)** Die Privilegierung ist auch da sinnvoll, wo ein Verlangen nicht mehr ausdrücklich geäußert werden kann. – **a.M.:** Ja, entscheidend ist, dass das Verlangen eindeutig ist. **Zur Vertiefung:** SSW/*Momsen*, § 216 Rn. 6	**3**
Wie ist in den Fällen des sog. einseitig fehlgeschlagenen Doppelselbstmordes (Gisela-Fall) die straflose Beihilfe zur Selbsttötung von der Tötung durch Verlangen abzugrenzen?	– **e.M.:** Nach subjektiven Kriterien, da der Täter den Tod des Opfers nur als „fremde Tat" will, ist er nur Teilnehmer. **(dagg.)** Die subjektive Teilnahmetheorie ist falsch: Sogar wer den Tatbestand mit eigenen Händen („selbst") verwirklicht (Badewannenfall), könnte seinen Vorsatz	**4**

		entsprechend als Teilnehmer bestraft werden, das widerspricht § 25 I Alt. 1.
		– **a.M.:** Nach Tatherrschaft über das zum Tode führende Geschehen – danach ist derjenige Täter, der die auf den Tod zielende Handlung (z.B. bei Tod durch Einatmen von Autoabgasen das Gasgeben) vornimmt.
		(dagg.) Das vernachlässigt, dass es das Opfer bis zum Schluss in der Hand hat, sich der Handlung zu entziehen, dies aber freiwillig nicht tut.
		– **h.L.:** Nach den Kriterien der Eigenverantwortlichkeit – analog den Grundsätzen der Selbstgefährdung schließt die Eigenverantwortung des Getöteten die Bestrafung des Täters aus.
		Zur Vertiefung: *Hillenkamp*, Probleme BT, 2. Problem; *Wessels/Hettinger*, Rn. 164
5	Ist § 216 auch durch Unterlassen begehbar?	– **e.M.:** Nein, das Verlangen muss sich auf ein Tun richten; das Handeln durch Unterlassen entspricht nicht dem Handeln durch Tun (§ 13).
		(dagg.) § 216 ist Erfolgsdelikt (s. § 13 Rn. 16).
		– **a.M.:** Ja, nach den allgemeinen Regeln (§ 13), es kann aber an der Garantenstellung fehlen (s.u. Rn. 6; § 212 Rn. 6).
		Zur Vertiefung: Schönke/Schröder/*Eser*, § 216 Rn. 10
6	Macht sich ein Garant wegen §§ 216, 13 strafbar, der auf Wunsch des Selbstmörders nicht eingreift, sobald der Lebensmüde das Bewusstsein verloren hat?	– **e.M.:** Ja, die Tatherrschaft geht mit dem Verlust des Bewusstseins auf den anwesenden Garanten über.
		(dagg.) Dann dürfte man dem Selbstmörder zwar den Strick reichen (straflose Beihilfe), müsste ihn aber wieder abschneiden, sobald er daran hängt.

	– **h.L.:** Nein, die Garantenstellung dient nur dem Schutz vor äußeren Gefahren und nicht dem Schutz des Handelnden vor sich selbst (aus demselben Grunde scheitert auch § 323c). **Zur Vertiefung:** LPK/*Kindhäuser*, Vor § 211 Rn. 29 ff.; *Wessels/Hettinger*, Rn. 43	
Wie macht sich derjenige strafbar, der fahrlässig verkennt, dass er von einem Sterbewilligen zu dessen Tötung eingesetzt wird („fahrlässige Beteiligung am Suizid")?	– **e.M.:** Wegen § 222 (fahrlässige Tötung). **(arg.)** Nach den Regeln der mittelbaren Täterschaft ist er zwar nur Werkzeug, diese schließen aber die Bestrafung des Tatmittlers wegen Fahrlässigkeit nicht aus. **(dagg.)** Wenn schon die vorsätzliche Teilnahme am Suizid eines anderen straflos ist, dann erst recht auch die fahrlässige. – **h.M.:** Er bleibt straflos. **Zur Vertiefung:** LPK/*Kindhäuser*, Vor § 211 Rn. 40 ff.; *Wessels/Hettinger*, Rn. 65a	**7**
Wie macht sich derjenige strafbar, der das Sterbeverlangen kennt, den zum Tode führenden Kausalverlauf aber fahrlässig in Gang setzt?	– **e.M.:** Das bleibt mangels Strafwürdigkeit straflos. **(arg.)** Würde § 222 sich auch auf die fahrlässige Tötung auf Verlangen beziehen, so gälte bei vorsätzlicher (§ 216) wie bei fahrlässiger Tötung (§ 222) auf Verlangen dieselbe Höchststrafe (5 Jahre); es ist deshalb davon auszugehen, dass § 222 sich als Fahrlässigkeitstatbestand nur auf § 212 bezieht. **(dagg.)** Für Fahrlässigkeit gilt aber eine geringere Mindeststrafe (ein Monat gem. § 222 i.V.m. § 38 II statt sechs Monate nach § 216). – **h.M.:** Nach § 222 wegen fahrlässiger Tötung (wobei das Sterbeverlangen gem. § 46 I 1 in der Strafzumessung zu berücksichtigen ist). **Zur Vertiefung:** LPK/*Kindhäuser*, Vor § 211 Rn. 43	**8**

9 Erfasst der Rücktritt von § 216 auch die bereits vollendeten §§ 223 ff.?	– **e.M.:** Nein, es handelt sich um einen sog. qualifizierten Versuch. **(dagg.)** Dann würde der Täter nur wegen des Rücktritts u.U. schärfer bestraft, als wenn er nicht zurückgetreten wäre (§ 216: 6 Monate bis 5 Jahre). – **a.M.:** Nein, der Täter ist aber nur wegen §§ 223, 224 (nicht § 226, s.u. § 226 Rn. 9) zu bestrafen. – **a.M.:** Ja, im Falle der Vollendung wären die Körperverletzungsdelikte aufgrund von Gesetzeskonkurrenz unanwendbar, das muss auch hier gelten. **Zur Vertiefung:** *Krey/Heinrich*, BT 1, Rn. 244; *Jäger*, JuS 2000, 31, 37
10 Ist Bestimmtsein durch ausdrückliches und ernsthaftes Verlangen ein besonderes persönliches Merkmal i.S.d. § 28?	– **e.M.:** Nein, Privilegierungsgrund ist nicht die Konfliktlage des Täters (verminderte Schuld), sondern des Opfers (vermindertes Unrecht). **(dagg.)** Wenn § 216 schon nur für denjenigen gilt, der durch das Verlangen bestimmt wurde und andernfalls §§ 211, 212 eingreifen, dann muss das erst recht für den Teilnehmer gelten. – **h.M.:** Ja, je nachdem, ob man darin ein „delictum sui generis" sieht, ist § 28 I oder II anzuwenden. **Zur Vertiefung:** LPK/*Kindhäuser*, § 216 Rn. 9; SK/*Horn*, § 216 Rn. 13

§ 218 Schwangerschaftsabbruch

1 **Aufbauschema**

I. Tatbestand
  1. Objektiver Tatbestand
    a) Schwangerschaft
    b) Abbruch ⇨ *Rn. 2*
    c) Kein Tatbestandsausschluss gem. § 218a I
  2. Subjektiver Tatbestand

II. Rechtswidrigkeit ⇨ *§ 218a Rn. 1*
   Sog. Indikationen
   (medizinisch-soziale, § 218a II, kriminologische, § 218a III)

III. Schuld

IV. Strafzumessung
   Besonders schwere Fälle, § 218 II (Regelbeispiele)

V. Strafwürdigkeit/Strafbedürftigkeit
   1. Persönlicher Strafausschließungsgrund, § 218a IV 1
   2. Absehen von Strafe, § 218a IV 2 ⇨ *§ 218a Rn. 2*

Liegt vollendeter oder versuchter Schwangerschaftsabbruch vor, wenn ein aufgrund der Abtreibungshandlung nicht überlebensfähiges Kind nach der Geburt getötet wird?	– **e.M.:** Vollendeter Schwangerschaftsabbruch (neben vollendeter Tötung). **(arg.)** Wenn das Kind aufgrund der Abtreibungshandlung nach der Geburt stirbt, liegt ebenfalls ein vollendeter Schwangerschaftsabbruch vor, sofern das Kind aufgrund der Schädigung nur lebensunfähig war (ein zunächst nur versuchter Schwangerschaftsabbruch kann also auch nach der Geburt noch „vollendet" werden). **(dagg.)** Ein Erfolg kann nur einmal als Vollendung (bei § 212 oder § 218) berücksichtigt werden (und für den Tötungserfolg ist es irrelevant, ob das Kind überlebensfähig war oder nicht). – **h.L.:** Versuchter Schwangerschaftsabbruch (neben vollendeter Tötung). **Zur Vertiefung:** *Hillenkamp*, Probleme BT, 4. Problem; *Kudlich*, BT 2, PdW, Nr. 34	**2**
In welchem Konkurrenzverhältnis stehen Schwangerschaftsabbruch und die gefährliche Körperverletzung nach § 224?	– **e.M.:** Da jeder Schwangerschaftsabbruch notwendig auch mit einer Verletzung des Körpers der Schwangeren verbunden ist, tritt zwar § 223, da dasselbe aber nicht für § 224 gilt, nicht auch dieser hinter § 218 zurück. **(dagg.)** Das schließt nur Spezialität, aber nicht Konsumtion aus, sofern die Tat regelmäßig oder typischerweise mittels gesundheitsschädlicher Stoffe (§ 224 Nr. 1) oder eines gefährlichen Werkzeugs (z.B. Skalpell, Nr. 2) begangen wird (sog. Begleittat).	**3**

		— **h.M.:** § 224 tritt (insoweit) ebenfalls hinter § 218 zurück.
		Zur Vertiefung: LPK/*Kindhäuser*, § 218 Rn. 8

§ 218a Straflosigkeit des Schwangerschaftsabbruchs

1	Ist der nach §§ 218a, 219 „legale" Schwangerschaftsabbruch „rechtswidrig"?	— **e.M.:** Nein, „Rechtswidrigkeit" baut auf (zivilrechtlichem, strafrechtlichem oder öffentlich-rechtlichem) Verbotstatbestand auf.
		(dagg.) Bei § 218a II ist die Nicht-Rechtswidrigkeit ausdrücklich angeordnet, bei § 218a I nicht.
		— **h.M.:** Ja, der Schwangerschaftsabbruch darf schon von Verfassung wegen nicht für „nicht rechtswidrig" erklärt werden (als Folge davon ist der Angriff auf das ungeborene Leben grds. nothilfefähig).
		Zur Vertiefung: *Kudlich*, BT 2, PdW, Nr. 35; *Satzger*, JuS 1997, 800 ff.
2	Besteht die Möglichkeit der Strafmilderung nach § 218a IV 2 nur bei der Schwangeren, die sich in Bedrängnis befindet?	— **e.M.:** Nein, die Möglichkeit, bei besonderer Bedrängnis der Schwangeren gem. § 218a IV 2 von Strafe abzusehen, besteht dem Wortlaut nach bei jedem, der den Abbruch vornimmt.
		(dagg.) systematische Stellung im Anschluss an Satz 1
		— **h.M.:** Ja, § 218a IV 2 gilt nur für die sich in Bedrängnis befindende Schwangere.
		Zur Vertiefung: *Otto*, Jura 1996, 135 ff.

§ 218b Schwangerschaftsabbruch ohne ärztliche Feststellung, unrichtige ärztliche Feststellung

1	Erfasst § 218b I 2 auch den Fall, dass der Arzt die Voraussetzungen des § 218a II, III wider besseres Wissen verneint (sog. negative Indikationsfeststellung)?	— **e.M.:** Ja, Wortlaut.
		(dagg.) Der ratio legis nach geht es nicht um den unberechtigten Nicht-Abbruch, sondern um den unberechtigten Abbruch der Schwangerschaft.

	– **h.M.:** Nein, § 218b I 2 erfasst nur die positive Indikationsfeststellung. **Zur Vertiefung:** *Joecks*, § 218b Rn. 6 f.

§ 218c Ärztliche Pflichtverletzung bei einem Schwangerschaftsabbruch

Ist § 218c ein Sonderdelikt für Ärzte oder können sich auch Nichtärzte danach strafbar machen?	– **e.M.:** Nein, auch Nichtärzte können eine Schwangerschaft abbrechen. **(dagg.)** Die Überschrift spricht von „ärztlicher Pflichtverletzung", Nr. 2 von „ärztlich beraten" und Nr. 3 von „ärztlicher Untersuchung". – **h.M.:** Es handelt sich um ein Sonderdelikt für den abbrechenden Arzt. **Zur Vertiefung:** Schönke/Schröder/*Eser*, § 218c Rn. 12	**1**

§ 221 Aussetzung

Aufbauschema   **1**

I. Tatbestand
  1. Objektiver Tatbestand
     a) Mensch
     b) Abs. 1 Nr. 1
        aa) Versetzen ⇨ *Rn. 2*
        bb) In eine hilflose Lage ⇨ *Rn. 3*
     c) Abs. 1 Nr. 2
        aa) In einer hilflosen Lage
        bb) Im Stich lassen
        cc) Obhut oder Beistandspflicht
     d) Gefahr des Todes oder einer schweren Gesundheitsschädigung
  2. Subjektiver Tatbestand: Vorsatz bzgl. a)–c) (⇨ *Rn.4*), inkl. Gefährdung

II. Rechtswidrigkeit

III. Schuld

Beachte: *Qualifikation, § 221 II Nr. 1 (Kind)*
          Erfolgsqualifikationen, § 221 II Nr. 2 (schwere Gesundheitsschädigung) ⇨ Rn.5 und § 221 III (Tod) ⇨ Rn.6

2	Setzt das „Versetzen" i.S.d. § 221 I Nr. 1 eine Ortsveränderung voraus?	– **e.M.:** Ja, Wortlaut der früheren Fassung und der Überschrift („Aussetzung"). **(dagg.)** Der Gesetzgeber wollte diesen Unsicherheiten ein Ende bereiten („im Stich lassen" statt „verlassen" in Nr. 2 setzt ebenfalls kein räumliches Sich-Entfernen mehr voraus). – **h.M.:** Nein. **Zur Vertiefung:** *Hillenkamp*, Probleme BT, 3. Problem
3	Kann eine hilflose Lage i.S.d. § 221 I Nr. 1 auch dadurch entstehen, dass ein Garant (§ 13) dem Opfer den nötigen Beistand verweigert?	– **e.M.:** Nein, dergleichen wird von § 221 I Nr. 2 erfasst. **(dagg.)** Wenn die hilflose Lage erst (danach/dadurch) entsteht, dann liegt auch kein Imstichlassen „in hilfloser Lage" vor. – **h.M.:** Ja, das ist nach allgemeinen Regeln möglich (§ 221 I Nr. 1 ist auch dadurch durch Unterlassen begehbar, dass ein Garant pflichtwidrig zulässt, dass sein Schützling sich in eine hilflose Lage begibt). **Zur Vertiefung:** *Wessels/Hettinger*, Rn. 201, 204; *SK/Horn/Wolters*, § 221 Rn. 4
4	Genügt bzgl. des „Versetzens" in § 221 I Nr. 1 bedingter Vorsatz?	– **e.M.:** Nein, „Versetzen" enthält im Unterschied zum „Verursachen" eine Ziel- und Zweckrichtung, daher ist dolus directus erforderlich. **(dagg.)** Nach allgemeinen Regeln reicht dolus eventualis (wie z.B. hinsichtlich der Obhut auch). – **h.M.:** Ja. **Zur Vertiefung:** *Joecks*, § 221 Rn. 21; MüKo/ *Hardtung*, 1. Aufl., § 221 Rn. 25
5	Erfordert die schwere Gesundheitsschädigung (§§ 221 I, 306b I, 330 II Nr. 1 etc.) eine Folge i.S.d. § 226?	– **e.M.:** Ja, der Begriff der schweren Gesundheitsschädigung ist sonst konturenlos. **(dagg.)** Der Gesetzgeber hat bei der Neuformulierung ausdrücklich nicht „schwere Folge i.S.d. § 226" vorausgesetzt (wie es in manchen Tatbeständen früher im Gesetz stand).

	– **h.M.:** Der Begriff reicht weiter und umfasst auch langwierige ernste Krankheit oder erhebliche Beeinträchtigung der Arbeitsfähigkeit für längere Zeit. **Zur Vertiefung:** *Joecks*, § 221 Rn. 15 ff.	
Ist bei § 221 II Nr. 2, III ein Versuch dergestalt möglich, dass das Grunddelikt nur versucht, die Folge dabei aber bereits fahrlässig verursacht wurde (sog. erfolgsqualifizierter Versuch)?	– **e.M.:** Ja, die schwere Folge knüpft an die Grundhandlung und nicht an den Grunderfolg an. **(dagg.)** § 18 wirkt straferhöhend, nicht strafbegründend. – **a.M.:** Nein, da der Versuch des Grunddelikts nicht strafbar ist, fehlt der Anknüpfungspunkt für die Qualifikation. **Zur Vertiefung:** *Lackner/Kühl*, § 18 Rn. 11; MüKo/*Hardtung*, § 18 Rn. 83 f.	6
Ist „Obhut" ein besonderes persönliches Merkmal i.S.d. § 28 I?	– **e.M.:** Nein, es schärft nur die Strafe gegenüber § 323c (§ 28 II). **(dagg.)** Die „Obhut" in § 221 I Nr. 2 ist strafbegründend. – **h.M.:** Ja, für das „Anvertrautsein" i.S.d. § 221 II Nr. 1 gilt hingegen § 28 II. **Zur Vertiefung:** LPK/*Kindhäuser*, § 221 Rn. 20; SK/*Horn/Wolters*, § 221 Rn. 12	7

§ 223 Körperverletzung

Aufbauschema   1

I. Tatbestand
  1. Objektiver Tatbestand
     a) Alt. 1: Körperliche Misshandlung ⇨ *Rn. 3 ff.*
     b) Alt. 2: Gesundheitsschädigung ⇨ *Rn. 5*
  2. Subjektiver Tatbestand
II. Rechtswidrigkeit
III. Schuld
IV. Strafverfolgungsvoraussetzung
  Strafantrag, § 230

Beachte: *Qualifikationen, § 224, § 225*
          Erfolgsqualifikationen, § 226, § 227
          Fahrlässigkeitsdelikt, § 229

2	Ist der Fötus im Mutter- leib (nasciturus) schon „eine andere Person"?	— **e.M.**: Ja, wenn er später geboren wird (Contergan-Fälle). **(arg.)** Strafbarkeitslücken **(dagg.)** Es kommt auf den Zeitpunkt der schädigenden Handlung bzw. des Eintritts der Schädigung an, in beiden Fällen han- delt es sich noch nicht um eine Person. — **h.M.**: Nein, pränatale Schädigungen fallen nicht unter §§ 223 ff. **Zur Vertiefung:** *Joecks,* Vor § 223 Rn. 7; LPK/ *Kindhäuser,* vor § 223 Rn. 4 f.
3	Setzt § 223 I Alt. 1 „Schmerzen" voraus?	— **e.M.**: Ja, die üble, unangemessene Be- handlung muss das körperliche Wohlbe- finden „mehr als nur unerheblich" beein- trächtigen. **(dagg.)** Das Abschneiden von Haaren ver- ursacht keine Schmerzen, beeinträchtigt das körperliche Wohlbefinden aber den- noch mehr als nur unerheblich. — **h.M.**: Nein (weder § 223 I Alt. 1 noch Alt. 2 setzen Schmerzen voraus). **Zur Vertiefung:** MüKo/*Joecks,* 1. Aufl., § 223 Rn. 13 ff.
4	Ist eine von Eltern zu erzieherischen Zwe- cken erteilte Ohrfeige eine „üble und unange- messene Behandlung" i.S.d. § 223 I Alt. 1?	— **e.M.**: Nein, eine im Rahmen des elterli- chen Erziehungsrecht (Art. 6 II GG) er- teilte Ohrfeige ist jedenfalls keine „unan- gemessene" Behandlung. **(dagg.)** Wenn das richtig wäre, hätte es schon vor Einfügung des § 1631 II 2 BGB keines Rechtfertigungsgrundes („Züchti- gungsrecht") dafür bedurft. — **h.M.**: Ja, in Betracht kommen allenfalls Strafmilderung bzw. (prozessual) Einstel- lung des Verfahrens nach §§ 153, 153a StPO. **Zur Vertiefung:** *Joecks,* § 223 Rn. 18 ff.

| Fällt unter die Gesundheitsschädigung auch das Aufrechterhalten eines krankhaften (pathologischen) Zustandes? | – **e.M.:** Nein, nur das Hervorrufen oder Steigern.

(arg.) Wird dem Vorhandenen nichts hinzugefügt, fehlt es an der objektiven Zurechenbarkeit des Erfolges, außerdem würden die besonderen Voraussetzungen des Unterlassens (§ 13) umgangen.

(dagg.) Damit ein Unterlassen überhaupt in Betracht kommt, muss das „Verlängern" erst einmal als Körperverletzungserfolg begriffen werden, sonst hilft auch das Vorliegen einer Garantenstellung nicht (dann aber fehlt es auch nicht an der objektiven Zurechenbarkeit des Unterlassungserfolges an den Unterlassenden).

– **h.M.:** Ja, darunter fallen auch das Aufrechterhalten (bzw. Verlängern) dieses Zustandes.

Zur Vertiefung: NK/*Paeffgen*, § 223 Rn. 14; SK/*Horn/Wolters*, § 223 Rn. 19 | 5 |
| Erfüllt der „ärztliche Heileingriff" den Tatbestand der Körperverletzung? | – **e.M.:** Ja, tatbestandlich handelt es sich um eine Körperverletzung i.S.d. § 223 I Alt. 1 oder Alt. 2 (oder beides), in Betracht kommt aber eine rechtfertigende Einwilligung i.S.d. § 228.

(dagg.) „Heilen" ist schon dem sozialen Sinngehalt nach kein „Verletzen".

– **a.M.:** Es ist danach zu differenzieren, ob der Eingriff mit Schmerzen oder mit einem Substanzverlust verbunden ist.

(dagg.) Der Tatbestand des § 223 I Alt. 1 verlangt weder Schmerzen (s.o. Rn. 3), noch ist ein Substanzverlust immer erheblich (Nägelschneiden).

– **h.L.:** Nein, der „ärztliche Heileingriff" ist dann nicht tatbestandsgemäß, wenn er (1) medizinisch indiziert, (2) mit Heilungswillen und mit (3) Zustimmung des Patienten | 6 |

		vorgenommen und (4) kunstgerecht (de lege artis) durchgeführt ist. **Zur Vertiefung:** *Joecks,* Vor § 223 Rn. 9 ff.; LPK/ *Kindhäuser,* § 223 Rn. 7 ff.
7	Ist eine mit Zustimmung der Eltern vorgenommene religiöse Beschneidung eines Kindes tatbestandsgemäß/ gerechtfertigt?	– **e.M.:** Eine religiöse Beschneidung ist (wie eine vom „elterlichen Erziehungsrecht" gedeckte Ohrfeige) schon tatbestandlich keine „üble und unangemessene" Behandlung. **(dagg.)** Einwilligung (§ 228) und Religionsfreiheit (Art. 4 GG) sind allenfalls Rechtfertigungsgründe. – **a.M.:** Es greifen die Rechtfertigungsgründe der Einwilligung, der ungestörten Religionsausübung und des § 34 ein. **(dagg.)** In Wahrheit ist kein Grund ersichtlich, warum man nicht soll abwarten können, bis das Kind reif genug ist, selbst zu entscheiden. – **a.M.:** Nein, ein solcher Eingriff vor dem Eintritt der „Einwilligungsfähigkeit" des Kindes ist in Deutschland weder nicht tatbestandsgemäß noch gerechtfertigt. **Zur Vertiefung:** *Gropp,* AT, § 6 Rn. 231; *Joecks,* § 223 Rn. 22a
8	In welchem Konkurrenzverhältnis stehen die Körperverletzungsdelikte (§§ 223 ff.) zu den Tötungsdelikten (§§ 212 ff.)?	– **e.M.** (Gegensatztheorie): Sie schließen sich (schon vom Wortlaut her) aus. **(dagg.)** Es handelt sich um ein Durchgangsstadium. – **h.M.** (Einheitstheorie): Körperverletzung und Tötung stellen eine „Einheit" dar (als notwendiges Durchgangsstadium tritt die Körperverletzung hinter die Tötung zurück). **Zur Vertiefung:** *Fahl,* JA 1995, 654, 656; *Joecks,* Vor § 223 Rn. 23 ff.

§ 224 Gefährliche Körperverletzung

Aufbauschema   1

Beachte: Qualifikationen können entweder gemeinsam mit dem Grunddelikt (§§ 223, 224) oder getrennt (also erst § 223, dann § 224) geprüft werden. Dann kann B I 1. weggelassen oder insoweit in aller Kürze auf die vorangegangene Prüfung verwiesen werden.

Möglichkeit 1: getrennte Prüfung von § 223 und § 224

A. § 223 (vollständige Prüfung)
   I. Tatbestand
   II. Rechtswidrigkeit
   III. Schuld

B. § 224
   I. Tatbestand
     1. Erfüllung des Grundtatbestandes, § 223
     2. Qualifikation
       a) Objektiver Tatbestand
          Qualifikationsmerkmal(e) gem. § 224 I Nr. 1–5
       b) Subjektiver Tatbestand
          Vorsatz bzgl. Qualifikationsmerkmal(en), § 224
   II. Rechtswidrigkeit
     (Prüfungspunkt entfällt, wenn keine Abweichung zum Grunddelikt)
   III. Schuld
     (Prüfungspunkt entfällt, wenn keine Abweichung zum Grunddelikt)

Möglichkeit 2: gemeinsame Prüfung der §§ 223, 224

   I. Tatbestand
     1. Objektiver Tatbestand
       a) Erfüllung des Grundtatbestandes, § 223
       b) Qualifikationsmerkmal(e) gem. § 224 I Nr. 1–5
     2. Subjektiver Tatbestand
       a) Vorsatz bzgl. § 223
       b) Vorsatz bzgl. Qualifikationsmerkmal(en), § 224
   II. Rechtswidrigkeit
   III. Schuld

| Ist „Gift" nur ein Stoff, der zu Siechtum (oder einen anderen Zustand im Sinne des § 226) führen kann? | – **e.M.:** Ja, Strafrahmen bis zu 10 Jahren

(dagg.) Davon steht nichts im Wortlaut (und eine solche Einschränkung wurde im Gesetzesverfahren abgelehnt). | 2 |

		— **h.M.:** Nein, allerdings muss der Stoff geeignet sein, „erhebliche" Gesundheitsschäden zu verursachen. **Zur Vertiefung:** *Beulke,* KK III, Rn. 656 (136. Problem); *Wessels/Hettinger,* Rn. 267
3	Genügt für die „Beibringung" i.S.d. Nr. 1 auch eine äußerliche Anwendung?	— **e.M.:** Nein, so wie bei dem früheren Vergiftungstatbestand und in Abgrenzung zu Nr. 2 (z.B. Begießen mit kochendem Wasser). **(dagg.)** Der Wortlaut erfordert nur, dass das Gift seine schädigenden Eigenschaften (auch durch äußerliche Anwendung) entfalten kann. — **a.M.:** Ja (Einführen in oder Auftragen auf den Körper). **Zur Vertiefung:** *Joecks,* § 224 Rn. 13; NK/*Paeffgen,* § 224 Rn. 10; *Wessels/Hettinger,* Rn. 265
4	Können „gefährliche Werkzeuge" auch Tiere sein?	— **e.M.:** Nein, „Werkzeuge" sind nur Sachen; Tiere sind keine Sachen (§ 90a S. 1 BGB). **(dagg.)** Der Wortlaut schließt es nicht aus, im gehetzten Hund ein (Angriffs-)Werkzeug zu sehen. — **h.M.:** Ja. **Zur Vertiefung:** *Hilgendorf,* ZStW 112, 811 ff.; LPK/*Kindhäuser,* § 224 Rn. 8
5	Können auch Körperteile „gefährliche Werkzeuge" sein?	— **e.M.:** Ja, es muss sich ja nicht um Sachen handeln; es kommt letztlich nur auf Gefährlichkeit an (z.B. die Faust des Boxers). **(dagg.)** Nach dem allgemeinen Sprachgebrauch ist „Werkzeug" immer ein fremder Gegenstand (niemals der eigene Körper). — **h.M.:** Nein, in Betracht kommt aber der (mit einem Stiefel) „beschuhte" Fuß etc. **Zur Vertiefung:** *Beulke,* KK II, Rn. 39 (7. Problem); *Joecks,* § 223 Rn. 20

Können auch unbewegliche Gegenstände „gefährliche Werkzeuge" sein?	– **e.M.:** Nein, dem natürlichen Wortsinn nach muss es sich um bewegliche Gegenstände (Hammer, Nagel) handeln. **6** **(dagg.)** Es kann keine Rolle spielen, ob das Werkzeug gegen das Opfer oder das Opfer gegen das Werkzeug bewegt wird (eine Latte aus dem Lattenzaun herausgebrochen oder das Opfer auf dem Zaun aufgespießt wird). – **h.M.:** Ja (wenn dann auch jede Straße und jeder Bordstein ein gefährlicher Gegenstand ist). **Zur Vertiefung:** *Beulke*, KK II, Rn. 311 (37. Problem); *Joecks*, § 223 Rn. 21
Ist das Auto auch dann ein „gefährliches Werkzeug", wenn es beim sog. Autosurfen nicht gegen das Opfer (sondern unter dem Opfer) bewegt wird?	– **e.M.:** Nein, Opfer und Werkzeug müssen sich „aufeinanderzu" bewegen. **7** **(dagg.)** Der Wortlaut schreibt das nicht vor. – **h.M.:** Ja (sonst wäre ohnehin der Straßenbelag das gefährliche Werkzeug). **Zur Vertiefung:** *Joecks*, § 223 Rn. 22a
Sind „gefährliche Werkzeuge" auch chemisch wirkende (z.B. die sog. chemische Keule)?	– **e.M.:** Ja, der Wortlaut ist weit genug. **8** **(dagg.)** Abgrenzung zu Nr. 1 – **a.M.:** Nein, es handelt sich dabei um „gesundheitsschädliche Stoffe" bzw. „Gift". **Zur Vertiefung:** *Joecks*, § 223 Rn. 24 f.; LK/*Lilie*, 11. Aufl., § 224 Rn. 28
Setzt die „gemeinschaftliche" Begehung gem. § 224 I Nr. 4 (bzw. § 292 II Nr. 3) Mittäterschaft voraus?	– **e.M.:** Ja, Vergleich des Wortlauts des § 224 I Nr. 4 mit § 25 II („gemeinschaftlich"). **9** **(dagg.)** Legaldefinition des „Beteiligten" in § 28 II („Täter oder Teilnehmer") – **h.M.:** Nein (soweit durch den Teilnehmer die Gefährlichkeit aus Sicht des Opfers gesteigert wird). **Zur Vertiefung:** *Hillenkamp*, Probleme BT, 5. Problem

| 10 | Ist in § 224 I Nr. 5 eine abstrakte oder eine konkrete Gefahr gemeint? | – **e.M.:** konkrete Gefahr

(dagg.) Auch bei den anderen Qualifikationstatbeständen des § 224 reicht eine abstrakte Gefahr aus.

– **h.M.:** abstrakte Gefahr

Zur Vertiefung: *Joecks*, § 224 Rn. 38 f.; LPK/ *Kindhäuser*, § 224 Rn. 18 f. |

§ 225 Misshandlung von Schutzbefohlenen

| 1 | Ist § 225 eine Qualifikation zu § 223 oder ein Delikt eigener Art? | – **e.M.:** Qualifikation

(dagg.) § 225 erfasst im Unterschied zu § 223 auch seelische Misshandlungen.

– **a.M.:** § 225 ist „delictum sui generis".

(dagg.) Körperliche Misshandlungen werden dem Wortlaut nach auch von § 223 I Alt. 1 erfasst.

– **h.M.:** Soweit körperliche Misshandlungen in Rede stehen, ist § 225 Qualifikationstatbestand zu § 223.

Zur Vertiefung: LPK/*Kindhäuser*, § 225 Rn. 1 |
| 2 | Ist „roh" in § 225 ein Tatbestands- oder Schuldmerkmal? | – **e.M.:** Schuldmerkmal („in gefühlloser … Gesinnung")

(dagg.) Schon auf Tatbestandsebene ist vorausgesetzt, dass es sich um eine schlimme („rohe") körperliche Misshandlung handelt.

– **h.M.:** „Roh" ist beides, sowohl auf Tatbestands- wie auch auf Schuldebene zu prüfen.

Zur Vertiefung: *Joecks*, § 225 Rn. 8 |

§ 226 Schwere Körperverletzung

Aufbauschema: § 226 I (Grundtatbestand)   1

Beachte: Vor § 226 I sollte § 223 geprüft werden. Dann kann im Tatbestand 1. entweder ganz weggelassen oder insoweit in aller Kürze auf die vorangegangene Prüfung verwiesen werden.

I. Tatbestand
1. Erfüllung des Grundtatbestandes, § 223
2. Eintritt einer schweren Folge gem. § 226 I Nr. 1–3
3. Kausalität
4. Bedingter Vorsatz oder Fahrlässigkeit bzgl. der Folge, letzterenfalls generelle/objektive Sorgfaltspflichtverletzung bei objektiver Vorhersehbarkeit der schweren Folge
5. (Sonstige) Objektive Zurechnung
6. Zumindest bei Fahrlässigkeit zusätzlich: Unmittelbarkeitszusammenhang ⇨ *Rn. 10*

II. Rechtswidrigkeit

III. Schuld
1. Allgemeine Schuldmerkmale
2. Bei Fahrlässigkeit bzgl. der Folge: Individuelle/subjektive Sorgfaltspflichtverletzung bei subjektiver Vorhersehbarkeit der schweren Folge

Beachte: Qualifikation, § 226 II (Absicht oder Wissentlichkeit)

Aufbauschema: § 226 II (Qualifikation)   2

Beachte: Vor § 226 II sollten § 223 und § 226 I geprüft werden. Dann können 1 a)–d) und 2a) entweder ganz weggelassen oder insoweit in aller Kürze auf die vorangegangenen Prüfungen verwiesen werden.

I. Tatbestand
1. Objektiver Tatbestand
   a) Erfüllung des Grundtatbestandes, § 223
   b) Eintritt der schweren Folge gem. § 226 I Nr. 1–3
   c) Kausalität
   d) Objektive Zurechnung
2. Subjektiver Tatbestand
   a) Vorsatz bzgl. § 223
   b) Absicht oder Wissentlichkeit bzgl. der schweren Folge

II. Rechtswidrigkeit
(Prüfungspunkt entfällt, wenn keine Abweichung zum Grunddelikt)

III. Schuld
(Prüfungspunkt entfällt, wenn keine Abweichung zum Grunddelikt)

3 Liegt ein „Verlust" der Sehfähigkeit oder des Sprachvermögens bereits vor, wenn das Opfer noch 5 % sehen bzw. unartikuliert sprechen kann (§ 226 I Nr. 1)?	– **e.M.:** Nein, Verlust heißt vollständiges Einbüßen. **(dagg.)** Zum Sprachvermögen gehört die Fähigkeit, artikuliert zu reden; hell und dunkel unterscheiden zu können ist noch kein „Sehen". – **h.M.:** Ja. **Zur Vertiefung:** *Joecks,* § 226 Rn. 5 ff.; *Fischer,* § 226 Rn. 2a
4 Ist ein Organ (z.B. Niere) ein „Glied des Körpers" (§ 226 I Nr. 2)?	– **e.M.:** Nein, weil es nicht mit einem anderen Körperteil durch ein Gelenk verbunden ist. **(dagg.)** „Glied" heißt nicht „Gliedmaßen". – **h.L.:** Glied ist jeder abgrenzbare Körperteil mit einer besonderen Funktion für den Gesamtorganismus (z.B. auch innere Organe, Zähne etc.). **Zur Vertiefung:** *Joecks,* § 226 Rn. 10 ff.; *LPK/ Kindhäuser,* § 226 Rn. 3
5 Wann ist ein Körperteil „wichtig" (§ 226 I Nr. 2)?	– **e.M.:** Ob ein Glied „wichtig" ist, ist generell anhand der Bedeutung des Körpergliedes für den Gesamtorganismus zu entscheiden. **(arg.)** Rechtsunsicherheit (dann wäre der Verlust eines Zahnes bei einem gesunden Gebiss anders zu beurteilen als wenn es sich um den letzten Zahn handelt). **(dagg.)** Für einen Geigenvirtuosen wiegt der Verlust eines einzigen Fingers schwerer als der eines ganzen Fußes. – **h.M.:** Ob ein Glied „wichtig" ist, ist individuell anhand seiner Bedeutung für die beruflichen, sozialen oder privaten Bedürfnisse des Opfers zu beurteilen. **Zur Vertiefung:** *Joecks,* § 226 Rn. 13 f.; *Wessels/ Hettinger,* Rn. 289

Liegt eine „dauernde Entstellung" vor, wenn sie durch medizinische oder technische Möglichkeiten (Prothese) behoben werden kann (§ 226 I Nr. 3)?	– **e.M.:** Ja, Schadenswiedergutmachung lässt den Schaden unberührt. **(dagg.)** Vergleich mit § 226 I Nr. 2: erfolgreiches Annähen des Körpergliedes ist auch kein Verlust. – **h.M.:** Nein, sofern die Behandlung nicht unzumutbar ist. **Zur Vertiefung:** *Joecks*, § 226 Rn. 23 ff.	**6**
Erfasst § 226 I Nr. 3 nur geistige oder auch körperliche Behinderungen?	– **e.M.:** Auch körperliche Behinderungen sind erfasst (Wortlaut). **(dagg.)** Dann würde Nr. 3 praktisch auch alle Fälle der Nr. 2 abdecken. – **h.M.:** Nur geistige Behinderungen werden erfasst, das Adjektiv ist auf beide Alternativen zu beziehen. **Zur Vertiefung:** *Joecks*, § 226 Rn. 21 f.	**7**
Setzt § 226 I einen (spezifischen) Unmittelbarkeitszusammenhang zwischen Körperverletzung und schwerer Folge auch dann voraus, wenn der Täter die schwere Folge bedingt vorsätzlich in Kauf nimmt?	– **e.M.:** Nein, der Unmittelbarkeitszusammenhang ist nur beim Fahrlässigkeitsdelikt erforderlich, bei Vorsatzdelikten ergibt sich der Grund der Strafschärfung von selbst. **(dagg.)** Gründe der Systematik und Einheitlichkeit. – **a.M.:** Ja, er ist überall in § 226 I vorausgesetzt (nicht aber in § 226 II). **Zur Vertiefung:** LK/*Hirsch*, 11. Aufl., § 226 Rn. 6	**8**
In welchem Konkurrenzverhältnis stehen § 224 und § 226 I (und II)?	– **e.M.:** Gesetzeskonkurrenz mit Vorrang des § 226. **(dagg.)** Klarstellungsfunktion des Urteilstenors. – **a.M.:** Tateinheit (§ 52). **Zur Vertiefung:** *Joecks*, § 226 Rn. 32; MüKo/*Hardtung*, 1. Aufl., § 224 Rn. 43	**9**

10 | In welchem Konkurrenzverhältnis steht die vollendete schwere Körperverletzung gem. § 226 zur versuchten Tötung auf Verlangen (§§ 216, 22)?

— **e.M.:** Tateinheit (§ 52), Klarstellungsfunktion (sog. qualifizierter Versuch, bei dem mit dem Versuch des einen die Vollendung eines anderen Delikts zusammentrifft).

(dagg.) Dann stünde der Täter bei gelungener Tötung besser da als bei freiwilligem Rücktritt (denn dann würden alle Körperverletzungsdelikte als Durchgangsstadium verdrängt).

— **a.M.:** § 216 entfaltet wegen seines Privilegierungscharakters „Sperrwirkung".

Zur Vertiefung: *Joecks*, § 226 Rn. 34; *Wessels/Beulke*, Rn. 653

§ 227 Körperverletzung mit Todesfolge

1 | **Aufbauschema**

Beachte: Vor § 227 sollten § 222 sowie die §§ 223 f. geprüft werden. Dann kann im Tatbestand 1. entweder ganz weggelassen oder insoweit in aller Kürze auf die vorangegangene Prüfung verwiesen werden.

I. Tatbestand
1. Erfüllung des Grundtatbestandes, § 223
2. Eintritt der Todesfolge
3. Kausalität zwischen Grunddelikt und Todesfolge
4. Generelle/objektive Sorgfaltspflichtverletzung bei objektiver Vorhersehbarkeit der Todeserfolge
5. (Sonstige) Objektive Zurechnung
6. Unmittelbarkeitszusammenhang ⇨ *Rn. 2 ff.*

II. Rechtswidrigkeit

III. Schuld
1. Allgemeine Schuldmerkmale
2. Individuelle/subjektive Sorgfaltspflichtverletzung bei subjektiver Vorhersehbarkeit der schweren Folge

2 | Setzt § 227 einen (spezifischen) Unmittelbarkeitszusammenhang zwischen Körperverletzung und schwerer Folge (Tod) voraus?

— **e.M.:** Nein, davon steht nichts im Gesetz.

(dagg.) Ohne wäre der immens hohe Strafrahmen (drei bis fünfzehn Jahre) gegenüber §§ 222, 223, 52 (bis drei Jahre) nicht erklärbar.

— **h.M.:** Ja (und dieser ist darüber hinaus aus Gründen der Einheitlichkeit und Systematik

	bei allen sog. Erfolgsqualifikationen erforderlich). **Zur Vertiefung:** *Joecks*, § 227 Rn. 7 ff.; *Rengier*, BT 2, § 16 Rn. 4 ff.	
Ist er ausgeschlossen, wenn das Opfer auf der Flucht umkommt?	– **e.M.:** Ja, das ist die Eigenverantwortung des Flüchtenden. **(dagg.)** Man darf den Grad der Rechtsgutsverletzung nicht ignorieren: Je gravierender, desto verständlicher ist es, dass das Opfer sein Heil in der (riskanten) Flucht sucht. – **h.L.:** Nicht unbedingt (dasselbe gilt z.B. auch dann, wenn die Polizei einen riskanten Rettungsversuch unternimmt, bei dem das Opfer stirbt). **Zur Vertiefung:** *Wessels/Hettinger*, Rn. 301	3
Liegt „Unmittelbarkeit" vor, wenn das Opfer eines Gewaltdeliktes aufgrund dieser Erfahrung Monate später einen Herzinfarkt erleidet (oder wenn es im Krankenhaus falsch behandelt wird, bettlägerig wird und an einer Lungenembolie verstirbt – sog. Hochsitzfall)?	– **e.M.:** Ja, müsste die Körperverletzung selbst „tödlich" gewesen sein („Letalitätsthese"), so käme als Grundtatbestand nicht mehr § 223, sondern nur noch § 224 I Nr. 5 in Betracht. **(dagg.)** Dann geht das Unmittelbarkeitserfordernis nicht mehr über Kausalität und objektive Zurechnung hinaus und verliert seine Begrenzungsfunktion. – **a.M.:** Nein. **Zur Vertiefung:** *Fahl*, JA 1998, 9 ff.	4
Knüpft bei § 227 die qualifizierende Folge an den (vollen) Erfolg des Grundtatbestandes oder an die (bloße) Tathandlung mit der Folge an, dass ein erfolgsqualifizierter Versuch in der Gestalt möglich ist, dass der Grundtatbestand nur versucht, die schwere Folge aber bereits eingetreten ist?	– **e.M.:** Die erhöhte Strafe bei § 227 resultiert aus der Gefährlichkeit des Körperverletzungserfolgs (sog. Letalitätsthese: „tödliche Verletzung"). **(dagg.)** „Verursachen" durch „Verletzung" kann vom Wortlaut her auch durch die Tathandlung geschehen. – **h.M.:** Die schwere Folge kann auch an die Tathandlung anknüpfen. **Zur Vertiefung:** LPK/*Kindhäuser*, § 227 Rn. 5; *Schmidt/Priebe*, BT 1, Rn. 400	5

§ 228 Einwilligung

1	Was muss bei § 228 sittenwidrig sein, die Körperverletzung als solche oder das damit verfolgte Ziel?	– **e.M.:** Es kommt auf den Zweck der Körperverletzung (z.B. Körperverletzung zur Vorbereitung eines Versicherungsbetruges oder einer anderen Straftat) an. **(dagg.)** Wortlaut („wenn die Tat …"). – **h.M.:** Entscheidend ist, ob der Rechtsguteingriff als solcher (unabhängig von dem damit verfolgten Zweck wegen Art und Umfangs) gegen die guten Sitten verstößt. **Zur Vertiefung:** *Joecks*, § 228 Rn. 3 ff.; LPK/*Kindhäuser*, § 228 Rn. 10 f.; Schönke/Schröder/*Stree/Sternberg-Lieben*, § 228 Rn. 6
2	Hat die Grenze der „guten Sitten" Bedeutung für die Einwilligung über den Bereich der Körperverletzungsdelikte hinaus?	– **e.M.:** Ja, es handelt sich um einen allgemeinen Rechtsgedanken. **(dagg.)** Die Übertragung wäre teilweise sinnlos (z.B. bei sittenwidriger Einwilligung zu § 303, weil der Eigentümer das Eigentum ebenso gut aufgeben kann, um Strafbarkeit auszuschließen); Analogieverbot (Art. 103 II GG). – **h.M.:** Nein, Ausnahmeregelungen sind nicht verallgemeinerungsfähig. **Zur Vertiefung:** *Joecks*, § 228 Rn. 5; MüKo/*Hardtung*, 1. Aufl., § 228 Rn. 7

§ 231 Beteiligung an einer Schlägerei

1 | **Aufbauschema**

I. **Tatbestand**
   1. Objektiver Tatbestand
      a) Schlägerei oder von mehreren verübter Angriff
      b) Beteiligung ⇨ *Rn. 7*
   2. Subjektiver Tatbestand
   3. Objektive Bedingung der Strafbarkeit
      a) Tod oder schwere Folge gem. § 226 ⇨ *Rn. 2, 5, 6*
      b) Verursachung durch die Schlägerei bzw. den Angriff ⇨ *Rn 3 f.*

II. Rechtswidrigkeit
  gem. ausdrücklichem Hinweis in § 231 II ⇨ *Rn. 8*

III. Schuld
  gem. ausdrücklichem Hinweis in § 231 II

Muss der Tod oder die schwere Körperverletzung für den Täter wenigstens „vorhersehbar" gewesen sein?	— **e.M.:** Ja, strafrechtlicher Schuldgrundsatz (nulla poena sine culpa). **(dagg.)** Es ist gerade der Sinn einer objektiven Bedingung der Strafbarkeit, dass sie weder Vorsatz noch Fahrlässigkeit („Vorhersehbarkeit") voraussetzt. — **h.M.:** Nein (§ 18 greift nicht, weil die schwere Folge strafbegründend und nicht straferhöhend ist). **Zur Vertiefung:** *Joecks*, § 231 Rn. 12 f.; *Lackner/Kühl*, § 231 Rn. 5; LK/*Hirsch*, § 231 Rn. 15	2
Kann einem Täter die schwere Folge angelastet werden, die erst nach dem Verlassen der Schlägerei eingetreten ist?	— **e.M.:** Nein, die schwere Folge ist dann nicht zurechenbar. **(dagg.)** Gerade diese Beweisschwierigkeiten will § 231 vermeiden. — **h.M.:** Ja (sofern nicht wegen seines Ausscheidens keine Schlägerei mehr vorhanden ist). **Zur Vertiefung:** *Beulke*, KK III, Rn. 25 (3. Problem); *Joecks*, § 231 Rn. 9 f.; *Wessels/Hettinger*, Rn. 359 f.	3
Kann einem Täter die schwere Folge angelastet werden, die bereits vor seinem Eintritt in die Schlägerei eingetreten ist?	— **e.M.:** Nein, durch das Ausbleiben einer (weiteren) schweren Folge hat sich die Schlägerei, an der der Hinzugekommene teilgenommen hat, als ungefährlich erwiesen. **(dagg.)** Auch diese Beweisschwierigkeiten will § 231 vermeiden. — **h.M.:** Ja (sofern nicht erst durch sein Hinzukommen eine Schlägerei entstanden ist). **Zur Vertiefung:** *Beulke*, KK III, Rn. 41 (6. Problem); SK/*Horn/Wolters*, § 231 Rn. 8	4

5	Ist auch derjenige nach § 231 strafbar, in dessen Person die schwere Folge eintritt?	– **e.M.:** Nein, eine Strafbarkeitsbegründung durch Selbstverletzung widerspricht allgemeinen Zurechnungskriterien. **(dagg.)** Auch der Verletzte selbst verdient keine Privilegierung, er war ja schon vor seiner Verletzung beteiligt. – **h.M.:** Ja. **Zur Vertiefung:** *Rengier*, BT 2, § 18 Rn. 9
6	Reicht es für § 231 aus, dass (nur) der Angreifer in Notwehr getötet oder schwer verletzt wird?	– **e.M.:** Nein, was durch Notwehr gedeckt ist, scheidet als Anknüpfungspunkt der Strafbarkeit (aller) aus. **(dagg.)** Beweisschwierigkeiten, was Angriff und was Verteidigung ist. – **h.M.:** Ja (sofern eine Schlägerei vorliegt). **Zur Vertiefung:** LPK/*Kindhäuser*, § 231 Rn. 9
7	Reicht für die Beteiligung auch bloße psychische Mitwirkung aus?	– **e.M.:** Nein, Beteiligung ist physisch zu verstehen. **(arg.)** „Beteiligung" wird auch sonst abweichend vom allgemeinen Teilnahmebegriff verstanden (z.B. „beteiligt" sich auch, wer durch sein Hinzukommen eine Schlägerei erst entstehen lässt). **(dagg.)** Auch die psychische Beihilfe trägt zur Gefährlichkeit (ratio legis) bei. – **h.M.:** Ja (sofern mindestens drei Personen auch physisch „beteiligt" sind). **Zur Vertiefung:** MüKo/*Hohmann*, 1. Aufl., § 231 Rn. 14 ff.; *Rengier*, BT 2, § 18 Rn. 3a
8	Was ist § 231 II?	– **e.M.:** § 231 II ist ein besonderer Rechtfertigungsgrund. **(dagg.)** „Vorwerfbarkeit" betrifft eher die Schuldebene. – **a.M.:** § 231 II ist eine „Beweislastumkehr". **(dagg.)** Das ist dem Strafrecht fremd. – **h.M.:** § 231 II ist nur ein Hinweis auf (häufig auftretende) Fragen der Rechtswidrigkeit und Schuld. **Zur Vertiefung:** *Joecks*, § 231 Rn. 14

§ 238 Nachstellung

I. Tatbestand		1

I. Tatbestand

   1. Objektiver Tatbestand

     a) Tathandlung: Nachstellen

       aa) durch

         Nr. 1: Aufsuchen räumlicher Nähe ⇨ *Rn. 3*

         Nr. 2: Kontakt herzustellen versuchen durch Verwendung von Telekommunikationsmitteln oder sonstigen Mitteln der Kommunikation oder über Dritte

         Nr. 3: Aufgeben von Bestellungen von Waren oder Dienstleistungen für das Opfer unter missbräuchlicher Verwendung dessen personenbezogener Daten oder Veranlassung Dritter, mit dem Opfer Kontakt aufzunehmen

         Nr. 4: Bedrohung mit der Verletzung von Leben, körperlicher Unversehrtheit, Gesundheit oder Freiheit des Opfers oder einer ihm nahe stehenden Person

         Nr. 5: eine andere vergleichbare Handlung

       bb) unbefugt ⇨ *Rn. 2*

       cc) beharrlich

     b) Taterfolg: Schwerwiegende Beeinträchtigung der Lebensgestaltung des Opfers

   2. Subjektiver Tatbestand

II. Rechtswidrigkeit

III. Schuld

Beachte: *Qualifikation, § 238 II*

         Erfolgsqualifikation, § 238 III

Ist die „Unbefugtheit" in § 238 Rechtswidrigkeits- oder Tatbestandsmerkmal?	– **e.M.:** Rechtswidrigkeitsmerkmal. **(dagg.)** Die Tathandlungen des § 238 I Nr. 1–4 umfassen (teilweise) auch sozialadäquates Verhalten. – **a.M.:** Tatbestandsmerkmal. **Zur Vertiefung:** *Fischer*, § 238 Rn. 26; *Wessels/ Hettinger*, Rn. 369g	2
Setzt das „Aufsuchen seiner räumlicher Nähe" in § 238 I Nr. 1 voraus, dass das Opfer den Täter bemerkt?	– **e.M.:** Ja, um eine schwerwiegende Beeinträchtigung der Lebensgestaltung zu verursachen, muss das Verhalten spürbar sein. **(dagg.)** Eine schwerwiegende Beeinträchtigung ist auch denkbar, wenn das Opfer	3

		(im Nachhinein) Kenntnis erhält, dass der Täter es (vermutlich auch in Zukunft) beobachtet.
		– **h.M.:** Nein.
		Zur Vertiefung: *Wessels/Hettinger*, Rn. 369c
4	Ist bei § 238 III ein Versuch in der Gestalt möglich, dass das Grunddelikt nur versucht, die Folge (Tod) dabei aber bereits fahrlässig verursacht wurde (sog. erfolgsqualifizierter Versuch)?	– **e.M.:** Ja, die schwere Folge knüpft an die Grundhandlung und nicht an den Grunderfolg an.
		(dagg.) § 18 wirkt straferhöhend, nicht strafbegründend (s.o. § 221 Rn. 6).
		– **a.M.:** Nein, da der Versuch des Grunddelikts nicht strafbar ist, fehlt der Anknüpfungspunkt für die Qualifikation.
		Zur Vertiefung: *Lackner/Kühl*, § 18 Rn. 11; Mü-Ko/*Hardtung*, § 18 Rn. 83 f.

§ 239 Freiheitsberaubung

1 | **Aufbauschema**

   I. Tatbestand
      1. Objektiver Tatbestand
         a) Tatobjekt: Mensch
         b) Tathandlung
             aa) Abs. 1 Alt. 1: Einsperren ⇨ *Rn. 2 ff.*
             bb) Abs. 1 Alt. 2: Auf andere Weise der Freiheit berauben ⇨ *Rn. 2 ff.*
      2. Subjektiver Tatbestand
   II. Rechtswidrigkeit
   III. Schuld

Beachte: *Erfolgsqualifikationen, §§ 239 III, 239 IV ⇨ Rn. 9 ff.*

2	Wirkt die Zustimmung bei § 239 als „Einverständnis" oder „Einwilligung"?	– **e.M.:** Als tatbestandsausschließendes Einverständnis – wer einwilligt, ist schon nicht „beraubt".
		(dagg.) Er ist aber u.U. „eingesperrt" (Alt. 1).
		– **a.M.:** Als rechtfertigende Einwilligung.
		Zur Vertiefung: *Maurach/Schroeder/Maiwald*, BT 1, § 12 Rn. 15; *Otto*, BT, § 28 Rn. 9; *Wessels/Hettinger*, Rn. 374

Ist derjenige, der sich in einem mit hoher Geschwindigkeit fahrenden Auto befindet, eingesperrt (§ 239 I Alt. 1) oder auf andere Weise seiner Freiheit beraubt (§ 239 I Alt. 2)?	– **e.M.:** Er ist in der Fahrgastzelle „eingesperrt". **(dagg.)** Wegen der hohen Geschwindigkeit kann er das Fahrzeug aber ohnehin nicht verlassen. – **a.M.:** Es handelt sich um eine Freiheitsberaubung „auf andere Weise" (wie Anlegen von Fesseln, Wegnehmen von Krücken etc.). **Zur Vertiefung:** *Fahl*, JA 2002, 18 ff.	3
Wie lange muss eine Freiheitsberaubung mindestens dauern, genügt z.B. schon das kurzzeitige Herumdrehen des Schlüssels (Bagatellgrenze)?	– **e.M.:** Eine Bagatellgrenze ist nicht vorgesehen und lässt sich auch nicht zeitlich bestimmen. **(dagg.)** De minimis non curat praetor. (Um Kleinigkeiten kümmert sich der Staatsanwalt nicht.) – **a.M.:** Mindestens ein „Vaterunser" lang. **Zur Vertiefung:** *Rengier*, BT 2, § 22 Rn. 13 f.	4
Ist jemand seiner Freiheit beraubt, der sich (momentan) gar nicht fortbewegen will?	– **e.M.:** Nein, § 239 schützt nur den Gebrauch der Freiheit („aktuelle Fortbewegungsfreiheit"). **(dagg.)** So wie es für die Einsperrung gleichgültig ist, ob das Opfer sie bemerkt, so kommt es auch nicht darauf an, ob das Opfer sich ohnehin gerade nicht fortbewegen will. – **h.M.:** Ja, § 239 schützt die „potentielle" Fortbewegungsfreiheit. **Zur Vertiefung:** *Hillenkamp*, Probleme BT, 6. Problem	5
Können auch Schlafende, Bewusstlose und Babys ihrer Freiheit beraubt werden?	– **e.M.:** Nein, sie können keinen Willen zur Ortsveränderung bilden; sie sind „konstitutionell" bewegungsunfähig. **(dagg.)** Auch Schlafende können jederzeit aufwachen oder sich fortbewegen (Schlafwandler); auf den „aktuellen" Fortbewegungswillen kommt es nicht an; auch sie werden durch Herumdrehen des Schlüssels „eingesperrt".	6

	— **a.M.:** Ja (auch wer in seiner Freiheit schon eingeschränkt ist, weil er schläft oder die Tür ohnehin nicht alleine öffnen kann, kann noch weiter beraubt werden). **Zur Vertiefung:** *Joecks*, § 239 Rn. 10; *Fahl*, Jura 1998, 456 ff.; *Rengier*, BT 2, § 22 Rn. 5
7 Ist auch derjenige eingesperrt (oder in sonstiger Weise seiner Freiheit beraubt), der einen tatsächlich vorhandenen Ausgang lediglich nicht kennt (Geheimtür, Labyrinth)?	— **e.M.:** Nein, wer nicht weiß, dass es einen Ausgang gibt, denkt nur, dass er eingesperrt ist, ist es aber nicht (allenfalls liegt § 239 I Alt. 2 vor). **(dagg.)** Es wäre merkwürdig, eine Einsperrung abzulehnen, wenn weder Opfer noch Täter einen Ausgang kennen (Geheimtür). Wertungsmäßig macht es auch keinen Unterschied, ob ein Ausgang nicht begehbar oder nicht auffindbar ist (Labyrinth). — **a.M.:** Ja, wer glaubt eingesperrt zu sein, ist es auch. **(dagg.)** „List" ist – im Unterschied zu § 234, wo sie ausdrücklich erwähnt wird – kein Tatmittel des § 239 (darum scheidet auch § 239 I Alt. 2 aus). — **h.M.** differenziert: Wer eine vorhandene Tür nicht kennt (oder den Öffnungsmechanismus nicht zu betätigen weiß etc.), ist eingesperrt (§ 239 I Alt. 1) – wer nur über das Verschlossensein der Tür irrt, hält sich nur für eingesperrt (bzw. seiner Freiheit beraubt). **Zur Vertiefung:** LK/*Träger/Schluckebier*, 11. Aufl., § 239 Rn. 13
8 Ist man auch eingesperrt/seiner Freiheit beraubt, wenn der vorhandene Ausweg nur anstößig, beschwerlich oder gefährlich ist?	— **e.M.:** Nein, wer einen möglichen Ausweg nicht beschreitet, ist nicht eingesperrt (bzw. seiner Freiheit „beraubt"). **(dagg.)** Man kann nicht sagen, dass derjenige, der es vorzieht, auf seine nahende Befreiung zu warten statt eine lebensge-

	fährliche Flucht zu versuchen, deswegen nicht eingesperrt sei.	
	— **a.M.:** Ja, wer einen möglichen Ausweg nicht beschreitet, wird seine Gründe haben (und ist daher eingesperrt bzw. seiner Freiheit beraubt, insb. wenn der Täter diese Gründe kennt und für sich ausnutzt).	
	(dagg.) Aber nicht alle Gründe sind akzeptabel, manche Auswege sind zumutbar, andere nicht.	
	— **h.M.** differenziert: Wer eine gefährliche Flucht nicht unternimmt, ist eingesperrt – wer einen nur beschwerlichen Ausweg scheut, ist nicht eingesperrt (oder seiner Freiheit beraubt).	
	Zur Vertiefung: *Rengier*, BT 2, § 22 Rn. 12; *Wessels/Hettinger*, Rn. 372	
Ist der sog. Unmittelbarkeitszusammenhang (§ 239 III Nr. 2, IV) ausgeschlossen, wenn das Opfer erst durch eine Befreiungsaktion der Polizei oder auf der waghalsigen Flucht zu Schaden kommt bzw. stirbt?	— **e.M.:** Ja, eigenverantwortliches Dazwischentreten eines Dritten (Polizei) bzw. des Getöteten selbst (Flucht) schließen die Unmittelbarkeit aus.	9
	(dagg.) Man wird (auch hier) den Grad der Rechtsgutsverletzung nicht außer Acht lassen dürfen: Je gravierender, desto verständlicher ist es, wenn das Opfer sein Heil in der (waghalsigen) Flucht sucht oder die Polizei sich zu einer (riskanten) Befreiungsaktion entschließt.	
	— **h.M.:** Nein, die (spezifische) Unmittelbarkeitsbeziehung ist nicht von vornherein ausgeschlossen (ebenso bei §§ 239a III, 239b II; siehe bereits oben § 227 Rn. 3).	
	Zur Vertiefung: LK/*Träger/Schluckebier*, 11. Aufl., § 239 Rn. 36	
Reicht für § 239 III Nr. 1, dass der Täter hinsichtlich der einwöchigen Dauer fahrlässig gehandelt hat (§ 18)?	— **e.M.:** Nein, es handelt sich (nun) um eine echte Qualifikation, bei der das qualifizierende Merkmal vom Vorsatz umfasst sein muss; § 18 ist unanwendbar.	10
	(dagg.) Gesetzesgeschichte (der Gesetzgeber wollte an der Einordnung als Erfolgs-	

	qualifikation nichts ändern); Systematik (auch Nr. 2 ist Erfolgsqualifikation)
	– **h.M.:** Ja, es handelt sich (nach wie vor) um eine Erfolgsqualifikation, für die § 18 gilt.
	Zur Vertiefung: *Joecks*, § 239 Rn. 17; *Lackner/ Kühl*, § 239 Rn. 9
11 Ist eine „versuchte Erfolgsqualifikation" bei § 239 III Nr. 1 dergestalt möglich, dass der Grundtatbestand (Freiheitsberaubung) vollendet, die schwere Folge (einwöchige Dauer) aber nur versucht ist?	– **e.M.:** Nein, § 18 ist so zu lesen, dass davon sämtliche Stufen von Fahrlässigkeit erfasst sind, aber nicht Vorsatz.
	(dagg.) So ist § 18 nicht zu verstehen.
	– **h.M.:** Ja, da ein gesonderter Erfolgstatbestand fehlt.
	Zur Vertiefung: *Rengier*, BT 2, § 22 Rn. 24

§ 239a Erpresserischer Menschenraub

1

Aufbauschema: § 239a I Var. 1

I. Tatbestand
1. Objektiver Tatbestand
   a) Tatobjekt: Mensch
   b) Tathandlung
      aa) Alt. 1 Entführen ⇨ *Rn. 4 f., 7*
      bb) Alt. 2
         (1) Sich-Bemächtigen ⇨ *Rn. 3 ff.*
         (2) Bei Zwei-Personen-Verhältnis zusätzlich: Stabilisierung
             ⇨ *Rn. 6, 8 f.*
2. Subjektiver Tatbestand
   a) Vorsatz
   b) Erpressungsausnutzungsabsicht („um … zu") ⇨ *Rn. 12*
      aa) Beabsichtigte Drohung
      bb) Beabsichtigte Vermögensverfügung und bzw. oder
          Vermögensschädigung
      cc) zeitlich-funktionaler Zusammenhang
      dd) Absicht rechtswidriger (stoffgleicher) Bereicherung

II. Rechtswidrigkeit ⇨ *Rn. 11*

III. Schuld

IV. Persönlicher Strafaufhebungsgrund
Tätige Reue, § 239a IV ⇨ *Rn. 13 ff.*

Aufbauschema: § 239a I Var. 2 (Ausnutzungstatbestand)   2

I. Tatbestand
  1. Objektiver Tatbestand
     a) Entführen oder Sich-Bemächtigen ⇨ *Rn. 3 ff.*
     b) Ausnutzen zu einer (zumindest versuchten) Erpressung ⇨ *Rn. 10*
  2. Subjektiver Tatbestand
     a) Vorsatz
     b) Absicht rechtswidriger (stoffgleicher) Bereicherung
II. Rechtswidrigkeit ⇨ *Rn. 11*
III. Schuld
IV. Persönlicher Strafaufhebungsgrund
  Tätige Reue, § 239a IV ⇨ *Rn. 13 ff.*

Beachte: Erfolgsqualifikation, § 239a III

§ 239b Geiselnahme

Aufbauschema: § 239b I Var. 1   1

I. Tatbestand
  1. Objektiver Tatbestand
     a) Tatobjekt: Mensch
     b) Tathandlung
        aa) Alt. 1
           Entführen ⇨ *Rn. 4 f., 7*
        bb) Alt. 2
           (1) Sich-Bemächtigen ⇨ *Rn. 3 ff.*
           (2) Bei Zwei-Personen-Verhältnis zusätzlich: Stabilisierung
              ⇨ *Rn. 6, 8 f.*
  2. Subjektiver Tatbestand
     a) Vorsatz
     b) Nötigungsausnutzungsabsicht („um … zu")
        aa) Qualifiziertes Nötigungsmittel: Drohung mit Tod oder schwerer
           Körperverletzung i.S.d. § 226
        bb) Erstrebter Nötigungserfolg
           Handlung, Duldung oder Unterlassung
        cc) zeitlich-funktionaler Zusammenhang
II. Rechtswidrigkeit ⇨ *Rn. 11*
III. Schuld
IV. Persönlicher Strafaufhebungsgrund
  Tätige Reue, § 239b II i.V.m. § 239a IV ⇨ *Rn. 13 ff.*

2 | **Aufbauschema: § 239b I Var. 2 (Ausnutzungstatbestand)**

I. Tatbestand
1. Objektiver Tatbestand
   a) Entführen oder Sich-Bemächtigen ⇨ *Rn. 3 ff.*
   b) Ausnutzen zu einer (zumindest versuchten) qualifizierten Nötigung
      ⇨ *Rn. 10*
2. Subjektiver Tatbestand

II. Rechtswidrigkeit ⇨ *Rn. 11*

III. Schuld

IV. Persönlicher Strafaufhebungsgrund
   Tätige Reue, § 239b II i.V.m. § 239a IV ⇨ *Rn 13 ff.*

Beachte: *Erfolgsqualifikation, § 239b II i.V.m. § 239a III*

---

3 | Genügt für ein „Sich-Bemächtigen" in § 239a I Var. 1 Alt. 2 (bzw. in § 239b I Var. 1 Alt. 2) das In-Schach-Halten mit einer Scheinwaffe?

– **e.M.:** Nein, in diesem Falle hat sich der Täter niemandes „bemächtigt", das Opfer glaubt das nur.

(dagg.) Der Wortlaut ist weit genug.

– **a.M.:** Ja (im Übrigen genügen Scheinwaffen ja auch sonst für Raub und Erpressung).

Zur Vertiefung: *Joecks*, § 239a Rn. 9 f.; *Fischer*, § 239a Rn. 4a ff.

---

4 | Liegt ein „Sich-Bemächtigen"/„Entführen" vor, wenn sich das Opfer (z.B. ein Polizist) als „Austauschgeisel" selbst in die Hand des Täters begibt?

– **e.M.:** Nein, eigene Verantwortung (bzw. Einwilligung).

(dagg.) Wer sich als Ersatz zur Verfügung stellt (Ersatzgeisel), tut das ja nicht freiwillig.

– **a.M.:** Ja.

Zur Vertiefung: LPK/*Kindhäuser*, § 239a Rn. 7; *Rengier*, BT 2, § 24 Rn. 8; *Wessels*/*Hettinger*, Rn. 455

---

5 | Liegt ein „Sich-Bemächtigen"/„Entführen" vor, wenn das Opfer in Wahrheit mit dem Täter unter einer Decke steckt (sog. Scheingeisel)?

– **e.M.:** Ja, Schutzzweck der §§ 239a, b ist (in erster Linie) der Schutz des Genötigten; daher kann die Geisel auch nicht wirksam einwilligen.

(dagg.) Ein „Sich-Bemächtigen" liegt dann in Wahrheit nicht vor und mangels echter (nicht nur vorgegebener) Tatherrschaft auch keine „Entführung".

	– **a.M.:** Nein.
	Zur Vertiefung: *Krey/Hellmann*, BT 2, Rn. 325; LPK/*Kindhäuser*, § 239a Rn. 20 ff.
Welche Anforderungen sind an das „Sich-Bemächtigen" in § 239a I Var. 1 Alt. 2 (bzw. in § 239b I Var. 1 Alt. 2) bei sog. Zwei-Personen-Verhältnissen zu stellen?	– **e.M.:** Da es bei vielen klassischen Delikten (Raub, Vergewaltigung) zu einem Sich-Bemächtigen kommt, werden die §§ 239a, b als typischerweise mitverwirklicht verdrängt (sog. Konkurrenzlösung). **6** **(dagg.)** Das muss auf Tatbestandsebene gelöst werden. – **a.M.:** Als Rest der früheren „Dreierstruktur" (Kidnapper, Opfer, Dritter) ist noch eine „Außenwirkung" erforderlich. **(dagg.)** Das ist zu unbestimmt. – **h.M.:** „Sich-Bemächtigen" setzt eine „gewisse Stabilisierung" der Lage voraus. **Zur Vertiefung:** *Fahl*, Jura 1996, 456 ff.; *Joecks*, § 239a Rn. 15 ff.
Muss auch für den Entführungstatbestand gem. § 239a I Var. 1 Alt. 1 (bzw. § 239b I Var. 1 Alt. 1) in Zwei-Personen-Verhältnissen eine „gewisse Stabilisierung" (stabile Zwischenlage) eingetreten sein?	– **e.M.:** Ja, aus systematischen Gründen (Einheitlichkeit). **7** **(dagg.)** Dort übernimmt das Merkmal der Ortsveränderung die Funktion der Stabilisierung. – **a.M.:** Nein. **Zur Vertiefung:** *Rengier*, BT 2, § 24 Rn. 23; *Wessels/Hillenkamp*, Rn. 743
Wo ist das Merkmal der „gewissen Stabilisierung" zu prüfen?	– **e.M.:** Im subjektiven Tatbestand – als Teil der Erpressungs- (§ 239a) bzw. Nötigungsabsicht (§ 239b). **8** **(arg.)** Es handelt sich um ein unvollkommen zweiaktiges Delikt, dessen zweiter Akt, zu dem die Stabilisierung gehört, im Subjektiven liegt. **(dagg.)** Es handelt sich um etwas Objektives. – **a.M.:** Im objektiven Tatbestand. **Zur Vertiefung:** *Rengier*, BT 2, § 24 Rn. 21

9 Muss auch in „Drei-Personen-Verhältnissen" eine gewisse Stabilisierung (stabile Zwischenlage) eingetreten sein?	– **e.M.:** Ja, das Merkmal zieht seine Rechtfertigung aus dem Charakter der §§ 239a, b als unvollkommen zweiaktige Delikte (s. Rn. 8). **(dagg.)** Gesetzesgeschichte – **a.M.:** Nein. **Zur Vertiefung:** *Rengier*, BT 2, § 24 Rn. 25
10 Ist § 239a I Var. 2 (Ausnutzungstatbestand) bereits bei einer versuchten Erpressung (bzw. versuchten Nötigung bei § 239b I Var. 2) verwirklicht?	– **e.M.:** Nein. **(arg.)** Wortlaut („zu einer solchen Erpressung"; „Ausnutzen"); hohe Mindeststrafe von 5 Jahren **(dagg.)** Wertungswiderspruch zu § 239a Var. 1, wo schon eine bloße Erpressungsabsicht ausreicht – **h.M.:** Ja. **Zur Vertiefung:** *Joecks*, § 239a Rn. 20a; MüKo/*Renzikowski*, 1. Aufl., § 239a Rn. 68
11 Ist bei §§ 239a, b noch „Verwerflichkeit" zu prüfen?	– **e.M.:** Ja, sowohl Nötigung (§ 239 b) wie auch Erpressung (§ 239a) verlangen das (§ 240 II bzw. § 253 II). **(dagg.)** Das Ausnutzen einer Bemächtigungssituation oder Entführung zum Zweck der ungerechtfertigten Bereicherung ist stets verwerflich. – **h.M.:** Nein, die (theoretisch nötige) Prüfung ist daher überflüssig. **Zur Vertiefung:** *Joecks*, § 239a Rn. 12; Krey/*Hellmann*, BT 2, Rn. 327
12 Kann die bei § 239a in Bezug genommene Tat auch ein Raub (§ 249) sein?	– **h.L.:** Nein, Wortlaut (die Klammer verweist auf § 253). **(dagg.)** Raub ist ein Spezialfall der Erpressung. Diese setzt keine Vermögensverfügung voraus (s.u. § 253 Rn. 2). – **a.M.:** Ja, folglich setzt die Erpressungs(ausnutzungs)absicht auch keine beabsichtigte Vermögensverfügung, sondern nur eine beabsichtigte Vermögensschädigung voraus. **Zur Vertiefung:** *Joecks*, § 239a Rn. 12; LPK/*Kindhäuser*, § 239a Rn. 12

Greift der persönliche Strafaufhebungsgrund des § 239a IV ein, wenn das Opfer nach der Freilassung auf dem Rückweg stirbt oder verunglückt?	**– e.M.:** Ja, mit der Freilassung „lässt" der Täter das Opfer „in dessen Lebenskreis zurückgelangen". **13** **(dagg.)** „Zurückgelangenlassen" setzt einen Erfolg (keine Tätigkeit) voraus und § 239a IV 2 (ernsthaftes Bemühen) hilft nicht, da „dieser Erfolg" gerade nicht eingetreten ist. **– h.M.:** Nein – es sei denn, das Opfer stirbt, nachdem es in seinen Lebenskreis zurückgelangt ist (z.B. an Erschöpfung). **Zur Vertiefung:** *Joecks*, § 239a Rn. 31; Schönke/Schröder/*Eser/Eisele*, § 239a Rn. 38
Liegt ein „Verzicht auf die erstrebte Leistung" i.S.d. § 239a IV auch dann vor, wenn der Täter sich ihrer entäußert, die Leistung aber beim Erpressten nicht ankommt (z.B. verloren geht oder von einem Dritten gestohlen wird)?	**– e.M.:** Nein, dann fehlt der Erfolg. **14** **(dagg.)** „Dieser Erfolg" in § 239a IV 2 bezieht sich nur auf die Zurückgelangung. **– h.M.:** Ja, es reicht die „tätige Reue". **Zur Vertiefung:** SK/*Horn/Wolters*, § 239a Rn. 23
Scheidet § 239a IV aus, wenn der Täter bereits einen Teil des Lösegeldes verbraucht (oder sich die Rückgabe anderweitig unmöglich gemacht) hat?	**– e.M.:** Ja, „Verzicht" setzt Wahlmöglichkeit voraus. **15** **(dagg.)** Was nicht zurückgegeben werden kann (vgl. § 239b II i.V.m. § 239a IV: Verlesen von Erklärungen, Entlassung von Gefangenen), kann auch nicht abverlangt werden. **– h.M.:** Nein (allerdings handelt es sich um eine „Kann-Regel"). **Zur Vertiefung:** *Joecks*, § 239a Rn. 32; LK/*Träger/Schluckebier*, 11. Aufl., § 239 Rn. 37

§ 240 Nötigung

1 **Aufbauschema**

I. Tatbestand
1. Objektiver Tatbestand
   a) Tatobjekt: Mensch
   b) Tathandlung: Nötigen
   c) Tatmittel
      aa) Alt. 1: Gewalt ⇨ *Rn. 2 ff.*
      bb) Alt. 2: Drohung mit einem empfindlichen Übel ⇨ *Rn. 8 ff.*
   d) Nötigungserfolg: Handlung, Duldung oder Unterlassung
   e) Kausalität zwischen Nötigungshandlung und Nötigungserfolg
2. Subjektiver Tatbestand ⇨ *Rn. 11*

II. Rechtswidrigkeit
1. Fehlen von Rechtfertigungsgründen
2. Verwerflichkeit, § 240 II
   a) aufgrund des Zwecks ⇨ *Rn. 12 f.*
   b) aufgrund des Mittels (⇨ *Rn. 14*) oder
   c) aufgrund der Zweck-Mittel-Relation ⇨ *Rn. 15*

III. Schuld

IV. Strafzumessung
Besonders schwere Fälle, § 240 IV (Regelbeispiele)

---

2 | Was ist unter „Gewalt" i.S.d. § 240 I Alt. 1 zu verstehen (sog. Gewaltbegriff)?

– **e.M.:** Gewalt meint nur physische Gewalt („körperlich-dynamischer" Gewaltbegriff).
  (dagg.) Gewalt ist nicht nur „Gewalttätigkeiten" (§ 125 I Nr. 1).

– **a.M.:** Gewalt ist „körperlich empfundener" Zwang (z.B. Schweißperlen).
  (dagg.) Wenn das Opfer besonders hartgesotten ist, empfindet es den Zwang körperlich nicht.

– **a.M.:** Gewalt ist psychische Gewalt („geistiger" oder „vergeistigter" Gewaltbegriff).
  (dagg.) Wenn § 240 mit der Verfassung (Art. 103 II GG) vereinbar sein soll, dann darf bloßes passives Herumsitzen (Sitzblo-

	ckade) nicht als Gewalt (aber als Dro-hung?) behandelt werden.
	— **h.M.:** körperlich wirkender Zwang („re-materialisierter" Gewaltbegriff)
	Zur Vertiefung: LPK/*Kindhäuser*, Vor § 232 Rn. 3 ff.; *Rengier*, BT 2, § 23 Rn. 2 ff.
Wird das bloße Blockie-ren einer Fahrbahn durch Demonstranten (noch) von § 240 I er-fasst?	— **e.M.:** Ja, wer auf der Fahrbahn steht oder geht, bildet ein „physisch-reales" Hindernis. **3**
	(dagg.) Er übt aber keine Gewalt aus.
	— **a.M.:** Ja, zwar nicht von § 240 I Alt. 1 (Gewalt), aber von § 240 I Alt. 2 (Drohung mit dem empfindlichen Übel, stehenblei-ben oder jemanden überfahren zu müssen).
	(arg.) Damit hat sich das BVerfG nicht be-fasst.
	(dagg.) Das wäre jedoch nicht im Sinne des Bundesverfassungsgerichts.
	— **a.M.:** Zwar nicht für die Autos in der ers-ten Reihe, aber für die hinteren Autofahrer handelt es sich um eine Nötigung.
	(arg.) Für den, der auf das Stauende trifft, spielt es keine Rolle, warum die Fahrbahn vorn blockiert ist, durch brennende Barri-kaden (Gewalt) oder Sitzdemonstranten.
	(dagg.) Es kann keinen Unterschied ma-chen, ob zwei Straßenbahnen, die auf die Demonstranten treffen, aneinandergekop-pelt sind oder nicht.
	— **h.L.:** Nein, straflos.
	Zur Vertiefung: *Beulke*, KK III, Rn. 600 (128. Problem); *Swoboda*, JuS 2008, 862 ff.
Ist Fehlverhalten im Straßenverkehr, z.B. zu dichtes Auffahren, plötz-liches Abbremsen usw., (noch) als Nötigung strafbar?	— **e.M.:** Nein, eine Drohung (mit einem Un-fall) liegt darin (schon im eigenen Interes-se) nicht; allenfalls liegt psychische Ge-walt vor. **4**
	(dagg.) Der Einsatz der Motorkraft des Fahrzeuges (z.B. auch beim Erzwingen ei-ner Parklücke) ist physische Gewalt.

		— **a.M.:** Ja (allerdings kommt es beim bloßen Antippen des Bremspedals und Aufleuchtenlassen der Bremslichter zu keinem Einsatz der Motorkraft). **Zur Vertiefung:** *Fahl*, JuS 2003, 472 ff.; *Schmidt/Priebe*, BT 1, Rn. 760 ff.
5	Ist das Vorhalten einer Waffe „Gewalt" i.S.d. § 240 I Alt. 1?	— **e.M.:** Ja, „körperlich wirkender" Zwang (z.B. Herzrasen, Schweißausbruch). **(dagg.)** Das verwischt die Grenzen zwischen Gewalt (gegenwärtige Übelzufügung) und Drohung (mit künftiger Übelzufügung). — **h.L.:** Nein, aber Drohung i.S.d. § 240 I Alt. 2. **Zur Vertiefung:** SK/*Horn/Wolters*, § 240 Rn. 11
6	Liegt Gewalt (§ 240 I Alt. 1) oder Drohung (Alt. 2) vor, wenn sich die Einwirkung (z.B. Schläge) unmittelbar gegen eine dritte Person richtet?	— **e.M.:** Für den Nötigungsadressaten handelt es sich um „Drohung" (mit weiteren Schlägen). **(dagg.)** „Gewalt" bleibt „Gewalt", auch wenn sie gegen Dritte (oder Sachen) verübt wird. — **h.M.:** Gewalt (§ 240 I Alt. 1) **Zur Vertiefung:** *Joecks*, § 240 Rn. 13 f.; MüKo/*Gropp/Sinn*, 1. Aufl., § 240 Rn. 64
7	Liegt in einer Körperverletzung (z.B. Ohrfeige) zugleich die Nötigung zu einer „Duldung" derselben (§ 240 I Alt. 1 Var. 2)?	— **e.M.:** Ja, dem Wortlaut nach schon. **(dagg.)** Das verwischt die Grenzen zwischen den Tatbeständen. — **h.M.:** Nein, allerdings kann in der Nötigung zu einem Handeln (z.B. Ausweichen) zugleich eine zu einem Unterlassen (Den-Weg-Fortsetzen) oder einer Duldung („Vordrängeln") liegen. **Zur Vertiefung:** NK/*Toepel*, § 240 Rn. 132; SK/*Horn/Wolters*, § 240 Rn. 23

Ist auch die Drohung (§ 240 I Alt. 2) mit einem erlaubten Verhalten – einem Tun (z.B. einer Strafanzeige) bzw. Unterlassen, wenn keine Rechtspflicht zum Handeln besteht – tatbestandsmäßig?	**– e.M.:** Nein, die Ankündigung eines erlaubten Verhaltens kann niemals „Übel" sein. **8** **(dagg.)** § 157 geht von einer notstandsähnlichen Situation aus, wenn jemand sich der Strafverfolgung (erlaubtes Verhalten) ausgesetzt sieht; § 154c StPO schafft die Möglichkeit, von Verfolgung abzusehen, wenn jemand mit einer Anzeige (erlaubtes Verhalten) bedroht wird. **– a.M.:** Es ist zwischen dem aktiven Tun und dem Unterlassen zu differenzieren: Durch das Verweigern einer nicht zu beanspruchenden Leistung wird nicht in rechtlich relevanter Weise in den Freiheitsbereich des Opfers eingegriffen. **(dagg.)** Zwischen dem „Weiterleiten der Anzeige" (Tun) oder „Nicht-aus-dem-Verkehr-Ziehen der Anzeige" (Unterlassen) bestehen nur sprachliche Nuancen. **– h.M.:** Ja, es kommt aber zur Strafbarkeit (in beiden Fällen) noch auf die Verwerflichkeit an. **Zur Vertiefung:** LPK/*Kindhäuser*, § 240 Rn. 19 ff.; SK/*Horn/Wolters*, § 240 Rn. 43; *Wessels/Hettinger*, Rn. 407 ff.
Setzt ein Drohen mit einem Unterlassen eine Garantenstellung (§ 13) voraus?	**– e.M.:** Ja, durch das Verweigern einer nicht zu beanspruchenden Leistung wird nicht in rechtlich relevanter Weise in den von § 240 geschützten Freiheitsbereich des Opfers eingegriffen (s.o. Rn. 8). **9** **(dagg.)** Es handelt sich nicht um eine Nötigung durch Unterlassen (die eine Garantenstellung voraussetzt), sondern um eine Drohung mit einem Unterlassen (es kommt nicht darauf an, was man unterlassen, sondern womit man drohen darf). **– h.M.:** Nein (allerdings kann durch einen Garanten auch eine Nötigung durch Unterlassen, z.B. Nichthindern von Gewaltein-

		wirkung, Nichtgewähren von Nahrung, verübt werden). **Zur Vertiefung:** *Beulke*, KK II, Rn. 274 (52. Problem); *Hillenkamp*, Probleme BT, 7. Problem; *Joecks*, § 240 Rn. 22 ff.
10	Ist bei einer „Dreiecksnötigung", bei der Nötigungsadressat und der, dem das Übel zugedacht ist, auseinanderfallen, vorausgesetzt, dass der eine dem anderen nicht gleichgültig gegenübersteht oder dass es sich um eine „Sympathieperson" handelt?	– **e.M.:** Ja, sonst ist ausgeschlossen, dass der Adressat der Nötigung das einem anderen zugedachte Übel auch für sich selbst als Übel empfindet. **(dagg.)** Unter den Voraussetzungen des § 323c oder des § 13 (Garantenstellung) ist der Nötigungsadressat zur Abwendung des Übels sogar verpflichtet (unabhängig davon, ob ihm an dem anderen etwas liegt). – **h.M.:** Nein, es reicht die Eignung, das Opfer im Sinne des Täterverlangens zu motivieren. **Zur Vertiefung:** LPK/*Kindhäuser*, § 240 Rn. 31 ff.
11	Verlangt der subjektive Tatbestand der Nötigung „Absicht" oder reicht Vorsatz?	– **e.M.:** Die Anwendung der Gewalt muss in der Absicht geschehen, auf diese Weise zu nötigen; auch hinsichtlich des abgenötigten Verhaltens ist Absicht i.S. eines zielgerichteten Willens erforderlich, wie § 240 II zeigt („zu dem angestrebten Zweck"). **(dagg.)** Nach allgemeinen Regeln genügt Vorsatz (§ 15). – **h.M.:** Dolus eventualis genügt. **Zur Vertiefung:** LPK/*Kindhäuser*, § 240 Rn. 42 f.
12	Sind politische oder gesellschaftliche „Fernziele" (z.B. der Weltfrieden) bei der Verwerflichkeitsprüfung (§ 240 II) zu berücksichtigen?	– **a.M.:** Ja, Gesetzeswortlaut („zu dem angestrebten Zweck"). **(dagg.)** Das „Nahziel" (Behinderung des G-8-Gipfels) ist gleich, auch wenn die „Fernziele" der Täter (Krawall, Weltfrieden) verschieden sein mögen. – **h.M.:** Nein. **Zur Vertiefung:** *Joecks*, § 240 Rn. 32 ff.

Kommt es, wenn schon der Einsatz des Mittels „verwerflich" ist, auf den damit verfolgten Zweck überhaupt noch an?	– **e.M.:** Ja, stets (Wortlaut: „wenn die Anwendung der Gewalt … zu dem angestrebten Zweck …"). **13** **(dagg.)** Wenn schon das Mittel (oder der Zweck) verwerflich ist, dann ist es die Mittel-Zweck-Relation notwendig auch. – **h.M.:** Nein, die Mittel-Zweck-Relation ist dann gar nicht mehr zu prüfen (diese greift erst dort, wo weder das Mittel, noch der Zweck, für sich genommen, als verwerflich zu beurteilen sind, z.B. der Vermieter dem Mieter im Winter die Heizung ausdreht, um ihn zum Zahlen der Miete zu bewegen). **Zur Vertiefung:** *Fahl*, Jura 2007, 743, 749 f.
Ist „Gewalt" als Mittel stets „verwerflich"?	– **e.M.:** Ja, es gilt das staatliche Gewaltmonopol. **14** **(dagg.)** Der Gesetzgeber hätte die Verwerflichkeitsprüfung leicht auf § 240 I Alt. 2 (Drohung) beschränken können, das hat er aber nicht getan. – **h.M.:** Nein (auch nicht bei Zugrundelegung des früheren, ähnlicheren „rematerialisierten Gewaltbegriffs", unter dem das vertreten wurde). **Zur Vertiefung:** *Fischer*, § 240 Rn. 45; *Joecks*, § 240 Rn. 37
Ist alles, was nicht i.S.d. § 32 I „geboten" ist (z.B. Selbstschussanlage, Folter), schon deshalb auch „verwerflich"?	– **e.M.:** Ja, die Gebotenheit (§ 32 I) beinhaltet gerade die Mittel-Zweck-Relation. **15** **(dagg.)** Gebotenheit und Verwerflichkeit sind eigenständige Prüfungen. – **a.M.:** Nein, § 240 ist ein „offener Tatbestand", der, um Unrecht zu konstituieren, noch eines Verwerflichkeitsurteils bedarf (z.B. kann auch „Rechtfertigungsnähe" der Verwerflichkeit entgegenstehen). **Zur Vertiefung:** *Fahl*, Jura 2009, 234, 239

16 | Ist auf den Irrtum über die Verwerflichkeit § 16 oder § 17 anzuwenden? | – **e.M.:** § 17, denn es handelt sich um eine Rechtswidrigkeitsregel.

(dagg.) Auch beim Erlaubnistatbestandsirrtum ist auf den Irrtum über die dem Rechtswidrigkeitsurteil zugrunde liegenden äußeren Umstände § 16 (analog) anzuwenden.

– **h.M.:** § 16 direkt (Verwerflichkeit ist Tatbestandsmerkmal, sog. „offener Tatbestand") bzw. analog (§ 17 nur bei Fehlbewertung des Täters bei Kenntnis der tatsächlichen Voraussetzungen der Verwerflichkeit).

Zur Vertiefung: LPK/*Kindhäuser*, § 240 Rn. 58

§ 242 Diebstahl

1 **Aufbauschema**

I. Tatbestand
1. Objektiver Tatbestand
   a) Tatobjekt
      aa) Sache ⇨ *Rn. 2 ff.*
      bb) Fremd ⇨ *Rn. 7 f.*
      cc) Beweglich ⇨ *Rn. 9*
   b) Tathandlung: Wegnahme
      aa) Fremder Gewahrsam ⇨ *Rn. 10 f.*
      bb) Begründung neuen Gewahrsams ⇨ *Rn. 14*
      cc) Bruch ⇨ *Rn. 12, 13, 15*
2. Subjektiver Tatbestand
   a) Vorsatz
   b) Zueignungsabsicht ⇨ *Rn. 16*
      aa) (Absicht zumindest vorübergehender) Aneignung ⇨ *Rn. 24 f.*
      bb) (Vorsatz dauernder) Enteignung ⇨ *Rn. 17 ff.*
      cc) (Vorsatz bzgl.) Rechtswidrigkeit der beabsichtigten Zueignung ⇨ *Rn. 26 f.*

II. Rechtswidrigkeit
III. Schuld
IV. Strafzumessung
   Besonders schwere Fälle, § 243 (Regelbeispiele)
V. Strafverfolgungsvoraussetzung
   Strafantrag, §§ 247, 248a

Beachte: Qualifikationen, §§ 244, 244a

Sind Tiere „Sachen" i.S.d. Strafrechts (§§ 242, 303)?	– **e.M.:** Nein, das besagt § 90a S. 1 BGB. **(dagg.)** Das widerspräche dem intendierten Tierschutz (§ 90a S. 2 BGB). – **a.M.:** Ja, denn auf sie sind die für Sachen geltenden Vorschriften „entsprechend" anzuwenden (§ 90a S. 3 BGB). **(dagg.)** Analogien zu Lasten des Täters sind im Strafrecht verboten (Art. 103 II GG). – **a.M.:** Dabei handelt es sich um eine „gebotene" Analogie. **(dagg.)** Das gibt es nicht. – **a.M.:** Es handelt sich nicht um eine Analogie, sondern um eine Anordnung der Geltung kraft Gesetzes. **(dagg.)** Das ist dasselbe. – **a.M.:** Nötig ist eine teleologische Reduktion des § 90a S. 1 BGB auf das Gemeinte. **(dagg.)** Eine teleologische Reduktion unterliegt denselben Voraussetzungen wie die Analogie (ist nur zugunsten des Täters erlaubt). – **h.M.:** Das Strafrecht hat seine eigenen Begriffe (sog. strafrechtlicher Sachbegriff). **Zur Vertiefung:** *Fahl*, JA-R 2001, 186 f.; *Lackner/Kühl*, § 242 Rn. 2	2
Ist der menschliche Leichnam eine Sache (§§ 242, 303)?	– **e.M.:** Nein, er wird durch besondere Vorschriften (§§ 168, 189) geschützt. **(dagg.)** Diese dienen nur dem postmortalen Persönlichkeitsschutz. – **h.M.:** Ja (allerdings ist er im Regelfall herrenlos und, wenn er nur der Bestattung zugeführt werden soll, eigentumsunfähig). **Zur Vertiefung:** LPK/*Kindhäuser*, § 242 Rn. 16 f; *Rengier*, BT 1, § 2 Rn. 9	3
Sind Implantate – nach ihrer Einpflanzung – Sachen (§§ 242, 303)?	– **e.M.:** Es ist danach zu differenzieren, ob sie ein defektes Körperteil ersetzen (z.B. Hüftprothese – dann teilen sie das Schick-	4

		sal des Körpers) oder nur unterstützen (sog. Supportiv-Implantate oder „Hilfsmittel", z.B. Herzschrittmacher – dann bleiben sie Sachen, sind eigentumsfähig und vererbbar).
		(dagg.) Durch Verbindung mit dem Körper werden auch sie (wesentliche) Bestandteile des Körpers.
		– **h.M.**: Nein, sämtliche (künstliche oder natürliche) „Implantate" (nicht z.B. abnehmbare Beinprothese, herausnehmbare Zahnprothese, Hörgerät) sind Sachen nur vor ihrer Einpflanzung, nach ihrer Entfernung oder nach dem Todesfall (s.o. Rn. 3).
		Zur Vertiefung: LPK/*Kindhäuser*, § 242 Rn. 19; *Rengier*, BT 1, § 2 Rn. 9
5	Sind Blutkonserven Sachen (§§ 242, 303)?	– **e.M.**: Nein, Körperteile sind (anders als gebrauchte Herzschrittmacher) auch nach ihrer Trennung vom Körper nicht verkehrsfähig und unterliegen den §§ 223 ff.
		(dagg.) Blutkonserven sind allerdings sowohl eigentums- wie auch verkehrsfähig (Blutkonservenhandel).
		– **a.M.**: Es ist danach zu differenzieren, ob die Körperteile nur vorübergehend zum Zwecke der Reimplantation entnommen werden (z.B. Eigenblutspende) – in diesem Falle bleiben sie Körper(bestand)teile auch bei Lagerung außerhalb des Körpers.
		(dagg.) Dann wäre bei Blutkonserven zu unterscheiden, ob es sich um eine normale oder Eigenblutspende handelte, das ist (schon wegen der möglichen Irrtümer) strafrechtlich unsinnig.
		– **a.M.**: Ja – anders u.U. bei (teilweiser oder vollständiger) Abtrennung von Gliedmaßen durch Unfälle etc. bis zu ihrem Wiederannähen.
		Zur Vertiefung: *Schmidt/Priebe*, BT 2, Rn. 10

Sind illegale Drogen Sachen (§§ 242, 303)?	– **e.M.:** Nein, mangels Verkehrsfähigkeit ist ein rechtsgeschäftlicher Eigentumserwerb bei ihnen ausgeschlossen (§ 134 BGB). **6** **(dagg.)** Das lässt ihre „Sacheigenschaft" und die „Fremdheit" unberührt. – **h.M.:** Ja. **Zur Vertiefung:** *Kudlich,* BT 1, PdW, Nr. 9a; LPK/*Kindhäuser,* § 242 Rn. 9
Gelten bzgl. der „Fremdheit" die zivilrechtlichen Rückwirkungsfiktionen (§§ 142, 184, 1953 BGB) auch im Strafrecht?	– **e.M.:** Ja, das Strafrecht ist insoweit „zivilrechtsakzessorisch". **7** **(dagg.)** Im Strafrecht kann es nur auf die Lage im Zeitpunkt des Handelns ankommen, andernfalls könnte auch eine Handlung strafbar werden, die im Zeitpunkt ihrer Vornahme straflos war. – **h.M.:** Nein (insofern weicht sogar der strafrechtliche Eigentumsbegriff vom zivilrechtlichen ab). **Zur Vertiefung:** LPK/*Kindhäuser,* § 242 Rn. 9; *Wessels/Hillenkamp,* Rn. 81
Ist am Straßenrand abgestellter Sperrmüll „fremd" (§§ 242, 303)?	– **e.M.:** Nein, die Sachen sind durch Dereliktion (§ 959 BGB) herrenlos geworden. **8** **(dagg.)** Das ist keine Dereliktion, sondern ein Übereignungsangebot an das Entsorgungsunternehmen. – **a.M.:** Ja. **Zur Vertiefung:** LPK/*Kindhäuser,* § 242 Rn. 14; *Schmidt/Priebe,* BT 2, Rn. 21
Ist eine Ähre auf dem Feld eine „bewegliche" Sache i.S.d. § 242?	– **e.M.:** Nein, Früchte sind wesentliche Bestandteile eines Grundstücks (§ 94 BGB). **9** **(dagg.)** Aber das gilt nur bis zur Trennung („solange sie mit dem Boden zusammenhängen"). – **h.M.:** Ja (alles was beweglich gemacht werden kann, kann auch weggenommen werden). **Zur Vertiefung:** LPK/*Kindhäuser,* § 242 Rn. 7

10	Besteht Gewahrsam an dem Pflug auf dem Feld auch dann, wenn der Bauer nicht in der Nähe ist?	– **e.M.**: Nein, Gewahrsam ist die tatsächliche, willensgetragene Sachherrschaft; faktisch besteht aber keine Einflussmöglichkeit (die zivilrechtlichen Besitzverhältnisse sind irrelevant). **(dagg.)** Es kommt weniger auf die Faktizität als auf die sozial-normative Zuordnung zu Gewahrsamssphären an (Kleiderständer; Parkplatz auf der Straße). – **h.M.**: Ja, darum verliert man an den Gegenständen in seiner Wohnung (generell-beherrschter Raum) auch dann nicht den Gewahrsam, wenn man sie verlegt hat, sich im Urlaub befindet oder schläft. **Zur Vertiefung:** *Joecks*, § 242 Rn. 10 ff.
11	Haben Bewusstlose, die sterben, ohne noch einmal zu erwachen, Gewahrsam?	– **e.M.**: Nein, auch beim Schlaf ist vorausgesetzt, dass der Schlafende wieder aufwacht. **(dagg.)** Der Strafrechtsschutz endet auch bei (moribunden) Komapatienten erst mit dem Tode. – **a.M.**: Ja, siehe auch § 243 I 2 Nr. 6. **Zur Vertiefung:** LPK/*Kindhäuser*, § 242 Rn. 29; *Wessels/Hillenkamp*, Rn. 87
12	Reicht für den „Gewahrsamsbruch" auch der Bruch von Mitgewahrsam aus?	– **e.M.**: Nein, ein solcher Wechsel vom Mitgewahrsam zum Alleingewahrsam gleicht eher einem „Aufschwingen" als einem „Bruch" (und damit dem Unrecht des § 246). **(dagg.)** Sowohl gleichgeordneter (z.B. Eheleute) wie auch übergeordneter Gewahrsam (z.B. des Ladeninhabers gegenüber den Angestellten) können gebrochen, d.h. ohne oder gegen den Willen des Gewahrsamsinhabers aufgehoben, werden. – **h.M.**: Ja, nur der Bruch untergeordneten Gewahrsams durch den übergeordneten Gewahrsamsinhaber scheidet aus. **Zur Vertiefung:** LPK/*Kindhäuser*, § 242 Rn. 48 ff; *Rengier*, BT 1, § 2 Rn. 16 ff.; *Wessels/Hillenkamp*, Rn. 96

Begeht Diebstahl oder Betrug, wer ohne zu bezahlen an einer Selbstbedienungstankstelle tankt?	– **e.M.:** Es handelt sich um Diebstahl (§ 242) am Benzin. **13** **(dagg.)** Das Benzin bleibt zwar fremd (Vermischung gem. §§ 947 ff. BGB lässt regelmäßig nur Miteigentum entstehen, außerdem bleibt das Eigentum regelmäßig bis zur Bezahlung an der Kasse vorbehalten), aber es fehlt am Bruch (der Aufhebung gegen oder ohne Willen des Gewahrsamsinhabers) wegen tatbestandsausschließendem Einverständnis, dokumentiert durch „grünes" Licht und/oder (automatische oder manuelle) Freigabe der Zapfsäule. – **h.M.:** Es liegt Betrug gem. § 263 („Vermögensverfügung") vor, wenn der Tankstellenpächter den Vorgang mitbekommen hat – und versuchter Betrug, wenn er gerade mit etwas anderem beschäftigt war (daneben liegt § 246 am Benzin durch Verlassen des Geländes vor). **Zur Vertiefung:** *Joecks*, § 242 Rn. 41; *Schmidt/Priebe*, BT 2, Rn. 66
Wann genau wird neuer Gewahrsam „begründet" (und damit die Wegnahme vollendet)?	– **e.M.** (Kontrektationstheorie): Schon mit „Berühren" der Sache. **14** **(dagg.)** Das ist zu früh. – **a.M.** (Apprehensionstheorie): Mit „Ergreifen" der Sache. **(dagg.)** Das ist zu pauschal. – **a.M.** (Ablationstheorie): Mit „Fortschaffen" der Sache. **(dagg.)** Das ist ebenfalls zu pauschal. – **a.M.** (Illationstheorie): Mit „Bergen" der Sache. **(dagg.)** Das ist zu spät. – **h.M.:** Es kommt auf die Größe des Gegenstandes an (bei kleinen Gegenständen, z.B. Perle, ist neuer Gewahrsam schon beim Schließen der Hand begründet – Gewahr-

		samsenklave – bei größeren, z.B. Kampf-stier, erst mit Fortschaffen). **Zur Vertiefung:** *Wessels/Hillenkamp*, Rn. 122 ff.
15	Schließt die Beobachtung des Täters durch einen eingriffsbereiten Dritten (z.B. Kaufhausdetektiv) die tatbestandsvollendende Wegnahme aus?	– **e.M.:** Ja, dann liegt kein Gewahrsamsbruch, nur versuchte Wegnahme vor. **(dagg.)** § 242 ist kein „heimliches Delikt". – **h.M.:** Nein (anders bei der sog. Diebesfalle, hier schließt das Einverständnis mit dem Gewahrsamswechsel den „Bruch" und damit die Wegnahme aus). **Zur Vertiefung:** *Hillenkamp*, Probleme BT, 19. Problem; *Wessels/Hillenkamp*, Rn. 126
16	Setzt Zueignungsabsicht „Aneignung plus Enteignung" oder „Enteignung durch Aneignung" voraus?	– **e.M.:** Die Enteignung muss gerade „durch" die Aneignung erfolgen. **(arg.)** Es ist nicht einzusehen, warum aus der Gebrauchsanmaßung ein Diebstahl werden soll, wenn ihr eine Sachbeschädigung nachfolgt (es macht keinen Unterschied, ob der Täter ein Fahrrad wegnimmt, um es wegzuwerfen, oder es erst zum Schrottplatz fährt, um es dort wegzuwerfen). **(dagg.)** Strafbarkeitslücken bei Gegenständen, die nicht unter §§ 248b, 290 fallen. – **h.M.:** Zueignungsabsicht ist Absicht zumindest vorübergehender Aneignung „plus" Vorsatz dauernder Enteignung. **Zur Vertiefung:** *Joecks*, Vor § 242 Rn. 43 f.; *Wessels/Hillenkamp*, Rn. 160
17	Muss sich die Zueignungsabsicht darauf beziehen, die Sache selbst zu behalten (rem sibi habendi) oder reicht auch die Zueignung eines aus ihr zu ziehenden Nutzens (Dienstmützen-Fall)?	**e.M.** (Substanztheorie): Ja, Gegenstand der Wegnahme und der Zueignung ist die Sache selbst (Sachsubstanz). **(dagg.)** Die Rückgabe der „nackten Substanz" eines Sparbuchs (hinkendes Inhaberpapier) nach Abhebung ohne den darin verkörperten Wert ist wertlos (dagegen ist die EC-Karte nur „Automatenschlüssel").

	– **a.M.** (Sachwerttheorie): Nein, Gegenstand der Zueignung ist der Wert einer Sache (lucrum in re: der in der Sache steckende Wert – lucrum ex negotio cum re: der unter Verwendung der Sache zu erzielende Wert inkl. Gewinn).	
	(dagg.) Damit würde das Eigentumsdelikt zu einem bloßen Vermögensdelikt umfunktioniert.	
	– **h.M.** (Vereinigungstheorie): Gegenstand der Zueignung ist die Sache selbst oder der in ihr verkörperte Sachwert (die Dienstmütze „verkörpert" aber nicht den Wert, sie zur Abwehr von Schadensersatzansprüchen nach Dienstablauf zurückgeben zu können, dieser Wert wird ihr auch nicht entzogen).	
	Zur Vertiefung: *Hillenkamp*, Probleme BT, 20. Problem; *Rengier*, BT 1, § 2 Rn. 56; *Wessels/Hillenkamp*, Rn. 142 ff.	
Schließt die Absicht späterer Rückgabe der Sache an den Eigentümer gegen einen Finderlohn die Zueignungsabsicht aus?	– **e.M.:** Nein, die Möglichkeit, einen „Finderlohn" zu erzielen, ist lucrum ex re.	**18**
	(dagg.) Der falsche Finder maßt sich zu keinem Zeitpunkt das Eigentum an (se ut dominum gerere).	
	– **h.M.:** Ja, es handelt sich um einen Betrug gem. § 263 (ebenso, wenn der „Dieb" dem „echten Finder" die Fundsache wegnimmt, um sie dem Eigentümer zurückzugeben).	
	Zur Vertiefung: LPK/*Kindhäuser*, § 242 Rn. 94; *Schmidt/Priebe*, BT 2, Rn. 98	
Schließt die Absicht, den Eigentümer die Sache (ohne Leugnung der wahren Sachlage) „zurückkaufen" zu lassen, die Zueignungsabsicht aus?	– **e.M.:** Nein, das ist Zueignung des Sachwerts (weiter Sachwertbegriff).	**19**
	(dagg.) Gegenstand der Begierde ist aber nicht die Sache selbst, die an den Eigentümer zurückgelangen soll, sondern sein Vermögen („Freikauf").	
	– **a.M.:** Ja, das ist § 253 (Lösegeld-Erpressung).	
	Zur Vertiefung: *Joecks*, Vor § 242 Rn. 39; *Schmidt/Priebe*, BT 2, Rn. 100	

20 | Schließt die Absicht späteren Rückverkaufs an den Eigentümer unter Leugnung von dessen Eigentum die Zueignungsabsicht aus?

— **e.M.:** Ja, Gegenstand der Begierde ist nicht die Sache selbst, die ja an den Eigentümer zurückgelangen soll, sondern bloß das Vermögen des Rückkäufers, das § 263 schützt (s.o. Rn. 19).

(dagg.) Der Verkäufer geriert sich dabei aber als Eigentümer.

— **h.M.:** Nein (neben § 242 liegt noch Betrug gem. § 263 vor).

Zur Vertiefung: LPK/*Kindhäuser*, § 242 Rn. 93; *Schmidt/Priebe*, BT 2, Rn. 100a

21 | Ist die Wegnahme von Leergut, um es gegen Pfand (erneut) abzugeben, als Diebstahl zu bestrafen?

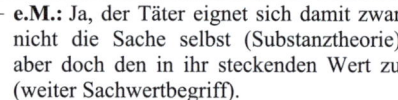

— **e.M.:** Ja, der Täter eignet sich damit zwar nicht die Sache selbst (Substanztheorie) aber doch den in ihr steckenden Wert zu (weiter Sachwertbegriff).

(dagg.) Die Pfandflasche „verkörpert" den Pfandwert ebenso wenig wie die Dienstmütze den Wert verkörpert, sie schadensersatzanspruchsbefreiend zurückgeben zu können.

— **h.M.** differenziert: Verbleiben die Flaschen im Eigentum des Getränkeherstellers (z.B. Coca-Cola), so handelt es sich, da das Eigentum nicht geleugnet wird, nur um einen Betrug (§ 263 ggf. i.V.m. § 289). Wird das Eigentum an den Flaschen auf jeder Handelsstufe an den jeweiligen Erwerber übertragen, so leugnet er damit das Eigentum des Händlers, es liegt Diebstahl (§ 242) vor (s.o. Rn. 20).

Zur Vertiefung: *Joecks*, Vor § 242 Rn. 38; *Schmidt/Priebe*, BT 2, Rn. 101 ff.

22 | Schließt die feste Absicht späterer Rückgabe (z.B. einer Skiausrüstung im Mai, eines Campingzeltes nach Ablauf der schönen Saison) die Zueignungsabsicht aus oder kann man sich ei-

— **e.M.:** Trotz Absicht mindestens vorübergehender Aneignung (Aneignungskomponente) fehlt der Wille zur dauernden Enteignung (Enteignungskomponente) und damit die Zueignungsabsicht; es handelt sich vielmehr um einen straflosen Gebrauchsdiebstahl (furtum usus), welcher gem. § 248b nur bei Fahrzeugen strafbar ist.

ne Sache auch durch Gebrauch zueignen (z.B. einen Taschenbuch-Kriminalroman durch Lesen)? ✗	**(dagg.)** Ein Taschenbuch, das schon einmal gelesen wurde, hat nur noch antiquarischen Wert. — **h.M.:** Die Absicht späterer Rückgabe schließt § 242 nicht aus, wenn die entwendete und die zurückgegebene Sache nicht dieselben sind (so wird einem Paperback-Kriminalroman durch das Durchlesen der in ihm verkörperte „Neuverkaufswert" entzogen, einem Hardcover-Buch, dem man das nicht ansieht, nicht). **Zur Vertiefung:** *Fahl*, JA 2002, 649 ff.; *Joecks*, Vor § 242 Rn. 33 ff.; *Wessels/Hillenkamp*, Rn. 162
Schließt die Absicht, ein zuvor entwendetes Fahrzeug irgendwo stehen zu lassen, den Enteignungsvorsatz aus? ✗	— **e.M.:** Ja, aufgrund der Kennzeichen ist es für die Polizei ein Leichtes, den Eigentümer zu ermitteln und das Auto zurückzubringen. **23** **(dagg.)** Im Wald abgestellt ist das Auto schutzlos dem Zugriff Dritter preisgegeben (das gilt sogar, wenn es genau an den Ort zurückgebracht wird, von dem es genommen wurde, wenn es nicht wieder genauso gegen Wegnahme gesichert wird). — **h.M.:** Nein, der Täter nimmt damit in Kauf, dass das Auto doch nicht an den Eigentümer zurückgelangt (anders rotes Feuerwehrfahrzeug mit Aufschrift). **Zur Vertiefung:** LPK/*Kindhäuser*, § 242 Rn. 107; *Wessels/Hillenkamp*, Rn. 158
Handelt der Täter mit „Drittzueignungsabsicht", wenn er einen Diebstahl begeht, um die Sache weiter zu verschenken (z.B. Diamanten für die Freundin)?	— **e.M.:** Man kann einem anderen gar nichts zueignen, ohne es sich vorher selbst zugeeignet zu haben, also liegt „Selbstzueignungsabsicht" vor; wer ein Geschenk macht, spielt sich damit zum Eigentümer auf (se ut dominum gerere). **24** **(dagg.)** Die Einbeziehung der Drittzueignungsabsicht macht diese Konstruktion (ebenso wie die Suche nach irgendeinem aus dem Geschenk resultierenden Vorteil oder Eigennutz) überflüssig.

	– **a.M.:** Ja.
	Zur Vertiefung: LPK/*Kindhäuser*, § 242 Rn. 112 f.; *Wessels/Hillenkamp*, Rn. 169
25 Hat derjenige „Zueignungsabsicht" dem es egal ist, ob der Dritte (z.B. der Bauer, der fälschlich davon ausging, der Knecht werde glauben, die Gänse, die er ihn zu holen beauftragte, seien die des Bauern, sog. Gänsebucht-Fall) sich die Sachen aneignet?	– **e.M.:** Ja, man kann einem anderen gar nichts zueignen, das man sich nicht selbst zuvor zugeeignet hat.
	(dagg.) Dann wäre die „Drittzueignungsabsicht" überflüssig.
	– **a.M.:** Ja, derjenige hat Drittzueignungsabsicht.
	(dagg.) Die Drittzueignungsabsicht setzt aber neben dem Enteignungsvorsatz auch noch „Drittaneignungsabsicht" voraus (die fehlt, wenn es dem Knecht nicht auf die Aneignung der Gänse durch den Bauern ankommt).
	– **h.M.:** Nein (es handelt sich aber um einen Diebstahl in mittelbarer Täterschaft mit dem Knecht als absichtslos-dolosem Werkzeug).
	Zur Vertiefung: *Fahl*, JA 2004, 287 ff.; *Wessels/Hillenkamp*, Rn. 167
26 Ist die Zueignung „rechtswidrig", wenn der Täter einen fälligen Anspruch auf die Sache hat?	– **e.M.:** Ja, das Strafrecht schützt die Eigentumslage; dann muss der Täter diese aber auch respektieren, bis ihm das Eigentum übertragen worden ist (§§ 929 ff. BGB).
	(dagg.) Das wäre „nutzlose Förmelei", wenn im Ergebnis nur der Zustand erreicht wird, der von Rechts wegen ohnehin hergestellt werden müsste.
	– **h.M.:** Nein, wenn ein fälliger, einredefreier Anspruch auf Übereignung besteht (das trifft bei Gattungsschulden, zu denen auch die Geldschulden gehören, aber nur nach Konkretisierung zu).
	Zur Vertiefung: *Beulke*, KK III, Rn. 158 (34. Problem); *Hillenkamp*, Probleme BT, 21. Problem

Wie ist der Irrtum über die Rechtswidrigkeit der Zueignung zu behandeln?	– **e.M.:** Die Rechtswidrigkeit der Zueignungsabsicht ist allgemeines Verbrechensmerkmal – der Täter irrt „über das Recht" – damit handelt es sich um einen Verbotsirrtum (§ 17).

27

(dagg.) Wer über die Rechtswidrigkeit der Zueignung irrt, erstrebt einen der Eigentumsordnung nach seiner Ansicht gerade entsprechenden Zustand. Seine Vorstellung ist vergleichbar mit der eines Gläubigers einer Stückschuld, der über Identität der von ihm weggenommenen Sache irrt.

– **Rspr.:** Es handelt sich folglich um einen Tatbestandsirrtum (§ 16).

(dagg.) Die Rechtswidrigkeit der beabsichtigten Zueignung ist aber nicht irgendein, sondern ein normatives Tatbestandsmerkmal.

– **h.L.:** Es handelt sich daher um einen „Irrtum über ein normatives Tatbestandsmerkmal", bei dem es auf die Parallelwertung in der Laiensphäre ankommt. Bei Geldschulden kann man unterstellen, dass der Normalbürger nicht einmal laienmäßig den Unterschied zur Stückschuld erfasst, daher ist § 16 anzuwenden (der auf „subjektive Tatbestandsmerkmale" aber nur analog passt).

Zur Vertiefung: *Beulke*, KK III, Rn. 160 (35. Problem); *Hillenkamp*, Probleme BT, 22. Problem

§ 243 Besonders schwerer Fall des Diebstahls

Aufbauschema

1

Beachte: Dieses Aufbauschema ist ein spezielles Schema für den Prüfungspunkt Strafzumessung im Rahmen des Diebstahls, § 242

IV. Strafzumessung

   1. (Objektives) Vorliegen sämtlicher Merkmale eines Regelbeispiels gem. § 243 I 2 Nr. 1–7 ⇨ *Rn. 2 ff.*

2. Vorsatz bzgl. der Regelbeispielsmerkmale
3. Geringwertigkeitsklausel, § 243 II ⇨ *Rn. 10 ff.*
4. Kein Entfallen der Indizwirkung

2	Wird der „Wohnungs-einbruchdiebstahl" noch von § 243 I 2 Nr. 1 erfasst?	— **e.M.:** Nein, die Wohnung wurde aus § 243 I 2 Nr. 1 „herausgenommen" (und ist nunmehr in § 244 I Nr. 3 geregelt).
		(dagg.) Strafbarkeitslücken, wenn der Täter eine Wohnung für ein Trafohäuschen hielt. Begrifflich bleibt ein Haus „Gebäude", auch wenn es den Menschen zur „Wohnung" dient.
		— **a.M.:** Wenn der Täter in ein Einfamilienhaus einbricht, sind zugleich § 243 I 2 Nr. 1 wie auch § 244 I Nr. 3 verwirklicht.
		Zur Vertiefung: *Beulke*, KK III, Rn. 420 (89. Problem); *Fahl*, NJW 2001, 1699 f.
3	Erfüllt das Hochheben und Zur-Seite-Drücken eines Zaunes die Voraussetzungen des § 243 I 2 Nr. 1?	— **e.M.:** Ja, es handelt sich um ein „Einsteigen" (Hineingelangen auf einem dafür nicht bestimmten Wege).
		(dagg.) „Einsteigen" setzt wie das „Einbrechen" zwar keine Substanzverletzung, aber doch eine mehr als nur unerhebliche Kraftaufwendung voraus.
		— **a.M.:** Nein, es handelt sich zwar um ein „Eindringen", doch nicht mittels eines falschen Schlüssels oder eines Werkzeugs.
		Zur Vertiefung: *Fahl*, JA-R 2000, 145 ff.
4	Begeht einen Diebstahl in einem besonders schweren Fall nach § 243 I 2 Nr. 1, wer einen von innen steckenden Schlüssel mittels eines Drahtes zum Herunterfallen bringt, unter dem Türspalt hindurchzieht und so die Tür öffnet?	— **e.M.:** Ja, es handelt sich (wie bei einem verlorenen) um einen „falschen" Schlüssel.
		(dagg.) Auch ein verlorener Schlüssel wird erst durch Entwidmung des Eigentümers falsch, an der es fehlt, da der Eigentümer nichts davon weiß (und der Draht diente nicht der Öffnung).
		— **h.M.:** Nein (in Betracht kommt aber ein unbenannter besonders schwerer Fall).
		Zur Vertiefung: LPK/*Kindhäuser*, § 243 Rn. 16 f.; *Schmidt/Priebe*, BT 2, Rn. 141

Liegt ein besonders schwerer Fall i.S.d. § 243 I 2 Nr. 2 vor, wenn der Täter das verschlossene Behältnis mit dem richtigen (entwendeten) Schlüssel öffnet?	– **e.M.:** Nein, den Diebstahl mit einem falschen Schlüssel erfasst § 243 I 2 Nr 1 und der Diebstahl mit einem echten wird überhaupt nicht erfasst. **(dagg.)** § 243 I 2 Nr. 2 stellt nicht auf die besondere Art der Tatausführung, sondern auf die Art der Sicherung des Diebstahlsobjekts ab. – **h.M.:** Ja (allenfalls wenn der Täter zur Benutzung des Schlüssels berechtigt ist, kann für ihn die Eigenschaft des Behältnisses als besondere Schutzvorrichtung entfallen). **Zur Vertiefung:** *Fischer*, § 243 Rn. 17; LK/*Vogel*, § 243 Rn. 32
Liegt bei einem Diebstahl (z.B. einer Handtasche oder eines Autoradios) aus einem Auto ein besonders schwerer Fall i.S.d. § 243 I 2 Nr. 2 vor?	– **e.M.:** Ja, das Auto ist ein „verschlossenes Behältnis". **(dagg.)** Was durch Menschen betreten werden kann, ist kein „Behältnis". – **h.M.** differenziert: Der Kofferraum und das Handschuhfach sind Behältnisse, die Fahrgastzelle ist kein Behältnis, was sich darin befindet, ist jedoch durch eine Schutzvorrichtung (Türschloss) gegen Wegnahme besonders gesichert (wenn alle Türen und Fenster sonst verschlossen sind). **Zur Vertiefung:** *Schmidt/Priebe*, BT 2, Rn. 148
Ist der Täter wegen Diebstahls in einem besonders schweren Fall nach § 243 I Nr. 2 zu bestrafen, der statt des Inhalts das ganze verschlossene Behältnis (Aktenkoffer, Tresor) mitnimmt?	– **e.M.:** Nein, Wortlaut (es sei denn, das Behältnis ist seinerseits durch ein verschlossenes Behältnis oder eine andere Schutzvorrichtung gegen Wegnahme besonders gesichert). **(dagg.)** Es kann keinen Unterschied machen, ob der Täter die Sache am Ort der Wegnahme aufbricht oder sie zu diesem Zweck zunächst fortschafft. – **h.M.:** Ja. **Zur Vertiefung:** *Joecks*, § 243 Rn. 24; *Wessels/Hillenkamp*, Rn. 236

5

6

7

8	Ist das elektromagnetische Sicherungsetikett an Kleidungsstücken etc. in Kaufhäusern eine besondere Schutzvorrichtung gegen Wegnahme" i.S.d. § 243 I 2 Nr. 2?	– **e.M.:** Ja, es soll von der Wegnahme abschrecken. **(dagg.)** Das Sicherungsetikett bietet keinen Schutz gegen Wegnahme, da der Alarm erst beim Verlassen des Kaufhauses und damit i.d.R. erst nach Wegnahme ausgelöst wird. – **h.M.:** Nein, es erleichtert nur die Wiedererlangung. **Zur Vertiefung:** LPK/*Kindhäuser*, § 243 Rn. 21; *Wessels/Hillenkamp*, Rn. 237
9	Kann auch schon die erstmalige Begehung des Delikts gewerbsmäßig (§§ 243 I 2 Nr. 3, 253 IV 2, 263 III Nr. 1 etc.) sein?	– **e.M.:** Nein, dafür sind mindestens zwei Deliktsbegehungen nötig. **(dagg.)** Die Indizwirkung eines besonders schweren Falls ist auch bei nur subjektiver Gewerbsmäßigkeit gegeben. – **h.M.:** Ja, es genügt bereits die Absicht, sich durch wiederholte Tatbegehung eine fortlaufende Einnahmequelle von einiger Dauer und einigem Umfang zu verschaffen. **Zur Vertiefung:** LPK/*Kindhäuser*, § 243 Rn. 24 f.
10	Ist die Gewerbsmäßigkeit (i.S.d. § 243 I Nr. 3) ein besonderes persönliches Merkmal i.S.d. § 28 II?	– **e.M.:** Ja, wegen der subjektiven Definition („Absicht, sich …"). **(dagg.)** § 28 II betrifft Tatbestandsmerkmale (z.B. die Gewerbsmäßigkeit bei § 260), Regelbeispiele sind keine Tatbestände, sondern bloße Strafzumessungsregeln. – **a.M.:** Nein, ob ein besonders schwerer Fall vorliegt, ist für jeden Teilnehmer gesondert zu bestimmen. **Zur Vertiefung:** LPK/*Kindhäuser*, § 243 Rn. 55 f.
11	Bis zu welchem Betrag ist eine Sache geringwertig (§§ 243 II, 248a etc.)?	– **e.M.:** Bis zu ca. 50 DM (= 25 Euro). **(dagg.)** Gewandelte Lebensverhältnisse (Teuro). – **h.M.:** Bis zu 50 Euro. **Zur Vertiefung:** *Joecks*, § 248a Rn. 6

Sind Strafakten geringwertig (§§ 243 II, 248a)?	– **e.M.:** Ja, der Materialwert ist gering. **(dagg.)** Für solche Gegenstände passt die Ausschlussklausel nicht. – **h.M.:** Gegenstände, die verkehrsunfähig sind oder keinen messbaren Verkehrswert haben, sind nicht geringwertig. **Zur Vertiefung:** LPK/*Kindhäuser*, § 242 Rn. 40; *Wessels/Hillenkamp*, Rn. 253	**12**
Setzt die Ausschlussklausel für das Vorliegen eines besonders schweren Falles (§ 243 II) voraus, dass sich die Tat auch subjektiv auf eine geringwertige Sache „bezieht" (Irrtumsproblematik)?	– **e.M.:** Nein, es entscheidet allein die objektive Lage (wie bei § 248a). **(dagg.)** Der Ausschluss (wie die Annahme, § 16 analog) eines besonders schweren Falles ist nur gerechtfertigt, wenn sich auch der Vorsatz darauf bezieht. – **a.M.:** Es kommt ohnehin nur auf die subjektive Sicht des Täters an („bezieht"). **(dagg.)** Dann würde ein besonders schwerer Fall trotz eines Millionenschadens ausscheiden, wenn der Täter die blaue Mauritius für unecht hielte. – **h.M.:** Ja, danach scheidet ein besonders schwerer Fall weder aus, wenn der Täter echten Schmuck für Modeschmuck hält, noch wenn er (umgekehrt) Modeschmuck für echten Schmuck hält. **Zur Vertiefung:** *Joecks*, § 243 Rn. 39 ff.; *Wessels/Hillenkamp*, Rn. 251	**13**
Ist im Falle der Geringwertigkeit auch die Annahme eines unbenannten (sonstigen, atypischen) besonders schweren Falles ausgeschlossen (§ 243 II)?	– **e.M.:** Nein, nur „in den Fällen des Absatzes 1 Satz 2 Nr. 1 bis 6" (Wortlaut). **(dagg.)** Der Wortlaut ist missglückt. – **h.M.:** Ja, Geringwertigkeit schließt die Annahme eines besonders schweren Falles (mit Ausnahme von Nr. 7) immer aus. **Zur Vertiefung:** HK-GS-*Duttge*, § 243 Rn. 54; *Lackner/Kühl*, § 243 Rn. 4; *Wessels/Hillenkamp*, Rn. 249	**14**

15 Was gilt in Bezug auf die Ausschlussklausel (§ 243 II), wenn der Einbrecher, der es auf eine höherwertige Sache abgesehen hat, am Ende (freiwillig) doch nur eine geringwertige Sache mitnimmt – oder wenn umgekehrt der Einbrecher, der ursprünglich nur geringwertige Sachen stehlen wollte, am Ende doch eine höherwertige Sache mitnimmt (Vorsatzwechsel)?

– **e.M.:** Es kommt (wie in den Irrtumsfällen) nur darauf an, ob das, was letztlich mitgenommen wurde, objektiv geringwertig war.

(dagg.) Die Tat, wegen derer der Täter verurteilt wird, bezog sich aber im Versuchsstadium zunächst noch auf eine höherwertige Sache – nur wenn er davon freiwillig zurückgetreten ist (§ 24) – nicht aber bei einem Fehlschlag – handelt es sich nicht mehr um dieselbe „Tat".

– **a.M.:** Ein besonders schwerer Fall scheidet schon deshalb aus, weil der Täter nicht „zur Ausführung der Tat" (§ 243 I 2 Nr. 1) ins Gebäude eingebrochen ist, sondern ursprünglich zur Ausführung einer ganz anderen.

(dagg.) Dann würde der Täter auch dann nicht wegen Diebstahls in einem besonders schweren Fall verurteilt werden können, wenn er am Ende eine höherwertige Sache (zusätzlich zu einer geringwertigen auch noch) mitnimmt.

– **h.M.:** Es ist unerheblich, ob sich der Diebstahlsvorsatz während der Tat verengt, erweitert oder sonst verändert (und das gilt nicht nur für die Geringwertigkeit im Falle des § 243 I 2 Nr. 1, sondern auch für die anderen Fälle).

Zur Vertiefung: *Beulke*, KK III, Rn. 185 (41. Problem); *Fahl*, JuS 2001, 47 ff.; *Joecks*, § 243 Rn. 47

16 In welchem Konkurrenzverhältnis stehen der Diebstahl in einem besonders schweren Fall (§§ 242, 243 I 2 Nr. 1) und Hausfriedensbruch (§ 123)?

– **e.M.:** Es besteht Tateinheit (§ 52); Klarstellungsfunktion des Urteilstenors.

(dagg.) Es handelt sich um den „klassischen" Fall einer Konsumtion des regelmäßiger- oder typischerweise mit verwirklichten Delikts („mitbestrafte Begleittat").

– **a.M.:** Konsumtion (das gleiche gilt im Verhältnis von §§ 242, 243 I 2 Nr. 1 zu § 303 – und von §§ 123, 303 zu § 244 I Nr. 3).

Zur Vertiefung: *Beulke*, KK III, Rn. 191 (43. Problem); *Fahl*, JA 2002, 541 ff.

§ 244 Diebstahl mit Waffen; Bandendiebstahl; Wohnungsein- bruchdiebstahl

Aufbauschema 1

Beachte: Vor § 244 sollte § 242 geprüft werden. Dann können im Tatbestand 1a) und 2a) entweder ganz weggelassen oder insoweit in aller Kürze auf die vorangegangene Prüfung verwiesen werden.

I. **Tatbestand**
  1. Objektiver Tatbestand
     a) Erfüllung des Grundtatbestandes, § 242
     b) Qualifikation, § 244
        aa) Nr. 1a
           (1) Alt. 1: Waffe ⇨ *Rn. 2*
               Alt. 2: Gefährliches Werkzeug ⇨ *Rn. 4*
           (2) Beisichführen ⇨ *Rn. 3, 5*
        bb) Nr. 1b
           (1) Sonst ein Werkzeug oder Mittel ⇨ *Rn. 6*
           (2) Beisichführen ⇨ *Rn. 5*
        cc) Nr. 2
           (1) Mitglied einer Bande ⇨ *Rn. 7, 9*
           (2) Zur fortgesetzten Begehung verbunden
           (3) Unter Mitwirkung eines anderen Bandenmitglieds ⇨ *Rn. 8*
        dd) Nr. 3
           (1) Tatobjekt: Wohnung ⇨ *Rn. 11*
           (2) Tathandlung
               Alt. 1: Einbrechen, Einsteigen, Eindringen mit falschem Schlüssel oder anderem nicht zur ordnungsgemäßen Öffnung bestimmten Werkzeug
               Alt. 2: Sichverborgenhalten
           (3) Zur Ausführung des Diebstahls
  2. Subjektiver Tatbestand
     a) Bzgl. § 242 (Diebstahlsvorsatz und Zueignungsabsicht)
     b) Bzgl. § 244
        aa) Vorsatz
        bb) Bei Nr. 1b zusätzlich: Verwendungsabsicht („um … zu")

II. **Rechtswidrigkeit**
   (Prüfungspunkt entfällt, wenn keine Abweichung zum Grunddelikt)

III. **Schuld**
   (Prüfungspunkt entfällt, wenn keine Abweichung zum Grunddelikt)

IV. **Strafverfolgungsvoraussetzung**
   Strafantrag, § 247

2	Sind geladene Schreckschusspistolen „Waffen" (§§ 244 I Nr. 1a, 250 I Nr. 1a)?	— **e.M.:** Ja, Gleichbehandlung mit der Gaspistole. **(dagg.)** Solche Waffen sind aber nicht schon ihrer Bauart nach dazu bestimmt, zu verletzen. — **a.M.:** Nein, sondern gefährliches Werkzeug, wenn und falls der Täter erhebliche Verletzungen durch Betätigen in unmittelbarer Nähe des Opfers herbeiführen (oder damit drohen) will. **Zur Vertiefung:** *Beulke*, KK III, Rn. 188 (42. Problem); *Wessels/Hillenkamp*, Rn. 266
3	Führt der, der berufsmäßig eine Waffe trägt, diese bei sich (§§ 244 I Nr. 1a, 250 I Nr. 1a)? X	— **e.M.:** Nein, hier ist eine teleologische Reduktion erforderlich. **(dagg.)** Entscheidend für die Straferhöhung ist die erhöhte objektive Gefährlichkeit. — **h.M.:** Ja, auch ein Berufswaffenträger fällt darunter. **Zur Vertiefung:** *Schmidt/Priebe*, BT 2, Rn. 215 f.; *Wessels/Hillenkamp*, Rn. 270
4	Was ist ein gefährliches Werkzeug i.S.d. §§ 244 I Nr. 1a, 250 I Nr. 1a?	— **e.M.:** „Gefährlich" ist ein Werkzeug wie bei § 224 Nr. 2 dann, wenn es der konkreten Art seiner Verwendung nach geeignet ist, erhebliche Verletzungen herbeizuführen. **(dagg.)** Die konkrete Art der Verwendung (z.B. des Korkenziehers, Gürtels, Taschenmessers) kennt man ja im Moment des „Beisichführens" noch nicht. — **a.M.:** Es kommt auf die konkrete Verwendungsabsicht an. **(dagg.)** So ist es bei § 244 I Nr. 1b (bzw. § 250 I Nr. 1b). — **a.M.:** Es kommen nur Gegenstände in Betracht, deren Verwendung einem Verbot unterliegt. **(dagg.)** Dann dürfte es sich regelmäßig schon um „Waffen" handeln.

	– **a.M.:** Es kommen nur Gegenstände in Betracht, bei denen eine andere als gefährliche Verwendung ausscheidet.	
	(dagg.) Auch ein Baseballschläger kann theoretisch zum Bälleschlagen verwendet werden.	
	– **h.M.:** Anders als bei § 224 Nr. 2 (wo dieses Merkmal überflüssig ist) kommt es bei §§ 244 I Nr. 1a, 250 I Nr. 1a (falls der Gegenstand nicht in einer gefährlichen Weise verwendet wurde) jedenfalls (auch) auf die objektive Beschaffenheit an (welche die gefährliche Verwendung nahelegt, z.B. Baseballschläger, sonst kommt es auf eine entsprechende „Widmung" an, z.B. Schraubenzieher).	
	Zur Vertiefung: *Beulke*, KK III, Rn. 116 (21. Problem); *Hillenkamp*, Probleme BT, 26. Problem; *Joecks*, § 244 Rn. 10 ff.; LPK/*Kindhäuser*, § 244 Rn. 6 ff.; *Wessels/Hillenkamp*, Rn. 272 ff.	
Liegt ein „Beisichführen" i.S.d. §§ 244, 250 I Nr. 1a, b vor, wenn der fragliche Gegenstand nicht zum Tatort mitgebracht, sondern am Tatort vorgefunden wird?	– **e.M.:** Nein, „Vorfinden" ist kein „Beisichführen", sonst wäre jeder Waffendiebstahl (§ 243 I Nr. 7) zugleich § 244 I Nr. 1a.	5
	(dagg.) Es kann keinen Unterschied machen, ob der Täter die Waffe bzw. das gefährliche Werkzeug zum Tatort mitnimmt oder vorher an Ort und Stelle deponiert hat.	
	– **h.M.:** Ja, es reicht, dass der Täter zu irgendeinem Zeitpunkt Zugriff darauf hat.	
	Zur Vertiefung: LPK/*Kindhäuser*, § 244 Rn. 17	
Ist § 244 I Nr. 1b bzw. § 250 I Nr. 1b erfüllt, wenn der Täter dem Opfer ein Plastikrohr oder einen Labello-Stift als Schusswaffenattrappe in den Rücken bohrt (absolut ungefährliche Scheinwaffen)?	– **e.M.:** Nein, schon vor der Gesetzesänderung (durch das 6. StrRG) war klar, dass solche Gegenstände, die bei bloßer Ansicht absolut ungefährlich sind, herausfallen.	6
	(dagg.) Diese Einschränkung hat im Gesetzeswortlaut aber keinen Ausdruck gefunden.	
	– **a.M.:** Ja, auch absolut ungefährliche („sonst ein Werkzeug oder Mittel …") Attrappen	

		werden erfasst (aber mangels Werkzeug-qualität nicht der in den Rücken gebohrte Finger). **Zur Vertiefung:** *Joecks*, § 244 Rn. 18 f.; *Küper*, BT, S. 470; *Wessels/Hillenkamp*, Rn. 288
7	Wie viele Personen sind eine Bande i.S.d. § 244 I Nr. 2 etc.?	– **e.M.:** Mindestens zwei. **(dagg.)** Zwei sind ein Paar. – **h.M.:** Mindestens drei. **Zur Vertiefung:** *Joecks*, § 244 Rn. 21 f; LPK/ *Kindhäuser*, § 244 Rn. 30 f; *Wessels/Hillenkamp*, Rn. 298 ff.
8	Setzt Diebstahl „unter Mitwirkung eines Ban-denmitgliedes" i.S.d. § 244 I Nr. 2 (bzw. §§ 244a I, 250 I Nr. 2) die Anwesenheit am Tatort voraus?	– **e.M.:** Ja, Täter eines Bandendiebstahls kann überhaupt nur ein Bandenmitglied sein, das selbst am Tatort anwesend ist. **(arg.)** „Unter Mitwirkung" ist mehr als „gemeinschaftlich" (§ 25 II), wo es auf die Mitwirkung im Ausführungsstadium gera-de nicht ankommt. **(dagg.)** Die „Mitwirkung" charakterisiert nicht die besondere Gefahr des Täters, sondern der Tat. – **a.M.:** Eine unmittelbare Beteiligung am Tatort ist nicht erforderlich, solange min-destens zwei Mitglieder der Bande am Tat-ort anwesend sind. **(dagg.)** Der Wortlaut kann auch (noch) anders verstanden werden. – **a.M.:** Nach allgemeinen Regeln genügt bereits irgendein Zusammenwirken. **Zur Vertiefung:** *Beulke*, KK III, Rn. 438 (91. Problem); *Joecks*, § 244 Rn. 24; *Wessels/Hillen-kamp*, Rn. 301 ff.
9	Ist jedes mitwirkende Bandenmitglied not-wendig Täter des § 244 I Nr. 2 (bzw. §§ 244a I, 250 I Nr. 2)?	– **e.M.:** Ja, Wortlaut („als Mitglied"). **(dagg.)** Die Grundsätze von Täterschaft und Teilnahme werden dadurch nicht be-rührt.

	– **a.M.:** Nein (das Bandenmitglied kann z.B. auch nur Gehilfe sein). **Zur Vertiefung:** LPK/*Kindhäuser*, § 244 Rn. 35; *Maurach/Schroeder/Maiwald*, BT 1, § 33 Rn. 125	
Ist die Bandenmitglied-schaft (§§ 244 I Nr. 2, 250 I Nr. 2) ein besonderes persönliches Merkmal i.S.d. § 28 II?	– **e.M.:** Nein, es finden (wie bei Nr. 1) Akzessorietätsgrundsätze Anwendung. **(dagg.)** Wortlaut („als Mitglied"). – **a.M.:** Ja, ein Nicht-Mitglied (Extraneus – Außenstehender), das Hilfe leistet oder die Bande angestiftet hat, ist nur nach §§ 242, 243 zu bestrafen. **Zur Vertiefung:** *Joecks*, § 244 Rn. 28; LPK/*Kindhäuser*, § 244 Rn. 37 f.	10
Ist „Wohnung" i.S.d. § 244 I Nr. 3 dasselbe wie in § 123?	– **e.M.** (enger Wohnungsbegriff): Nein, Wohnung ist hier nur der „innere Kern" (d.h. ohne Keller, Flurtoiletten etc.). **(arg.)** Fehlen einer Geringwertigkeitsklausel wie in § 243 II **(dagg.)** Strafbarkeitslücken, wenn der Täter in den Keller einbricht und von dort ohne einzubrechen in die Wohnräume gelangt. – **h.M.** (weiter Wohnungsbegriff): Ja. **Zur Vertiefung:** *Joecks*, § 244 Rn. 26; LPK/*Kindhäuser*, § 244 Rn. 41; *Wessels/Hillenkamp*, Rn. 290	11

§ 246 Unterschlagung

Aufbauschema   1

I. Tatbestand
   1. Objektiver Tatbestand
     a) Tatobjekt
       aa) Sache
       bb) Fremd
       cc) Beweglich
     b) Tathandlung: Zueignung ⇨ *Rn. 4 ff., 12, 14*
     c) Rechtswidrigkeit der Zueignung ⇨ *Rn. 3*
   2. Subjektiver Tatbestand ⇨ *Rn. 11*
II. Rechtswidrigkeit ⇨ *Rn. 15*

> **III. Schuld**
>
> **IV. Strafverfolgungsvoraussetzung**
>
>   Strafantrag, §§ 247, 248a
>
> **Beachte:** *Qualifikation, § 246 II (anvertraut)* ⇨ *Rn. 13*
>   *Subsidiaritätsklausel, § 246 I a.E.*

2	Ist § 246 der (vorweg zu prüfende) Grundtatbestand zu § 242?	– **e.M.:** Ja, nachdem die Unterschlagung keinen (bereits) bestehenden Gewahrsam mehr voraussetzt, liegt in jedem Diebstahl zugleich eine Unterschlagung.
		(dagg.) Dann würde es sich um Spezialität handeln, der Gesetzgeber geht aber von Subsidiarität (Subsidiaritätsklausel) aus.
		– **h.M.:** Nein, es handelt sich um einen „Auffangtatbestand" (im Übrigen ist die Zueignung bei § 242 nur „überschießende Innentendenz", braucht also objektiv gerade nicht verwirklicht zu sein).
		Zur Vertiefung: LPK/*Kindhäuser*, Vor § 242 Rn. 2
3	Ist die Rechtswidrigkeit der Zueignung bei § 246 I Tatbestandsmerkmal oder (an sich überflüssiger) Hinweis auf die Rechtswidrigkeitsebene?	– **e.M.:** Allgemeines Deliktsmerkmal (wie bei § 123).
		(dagg.) Ein fälliger, einredefreier Anspruch muss auch hier den Tatbestand ausschließen (wie bei § 242).
		– **a.M.:** Tatbestandsmerkmal.
		Zur Vertiefung: LPK/*Kindhäuser*, § 246 Rn. 29
4	Ist der Begriff der Zueignung ebenso zu verstehen wie in § 242? 	– **e.M.:** Ja, d.h. Zueignung ist in erster Linie (vorübergehende) Aneignung (mit der Gefahr der Enteignung).
		(arg.) Der Gesetzgeber benutzt nicht zufällig dasselbe Wort zweimal kurz hintereinander.
		(dagg.) In § 242 ist es aber auf das Subjektive bezogen.
		– **h.M.:** Nein, Zueignung ist hier als (objektive) Manifestation des Zueignungswillens zu verstehen (sog. Manifestationstheorie).
		Zur Vertiefung: *Wessels/Hillenkamp*, Rn. 309 ff.

Können auch äußerlich neutrale ("mehrdeutige") Handlungen, z.B. das Aufheben einer Sache, den Zueignungsbegriff erfüllen?	– **e.M.** (sog. enge Manifestationstheorie): Nein, nur eindeutige Handlungen fallen darunter. **(dagg.)** Das verwechselt Tatbestand mit Beweisbarkeit. – **h.M.** (sog. weite Manifestationstheorie): Jede Betätigung des Zueignungswillens reicht. **Zur Vertiefung:** *Hillenkamp*, Probleme BT, 23. Problem; *Joecks*, § 246 Rn. 16 f.; LPK/*Kindhäuser*, § 246 Rn. 13 ff.	5
Begeht derjenige eine Unterschlagung, der eine gemietete Sache nach Ablauf der Mietzeit nicht zurückgibt?	– **e.M.:** Ja, nach der weiten Manifestationstheorie fallen auch „neutrale" Handlungen (Weiterbenutzung) darunter. **(dagg.)** Der Nicht-mehr-Berechtigte leugnet aber durch die Fortsetzung des Gebrauchs nicht die Eigentümerstellung des Berechtigten, sondern „geriert" sich nur wie ein berechtigter Mieter. – **a.M.:** Nein, die feste Rückgabeabsicht schließt auch hier die Enteignung und damit die Zueignung aus (es sei denn, die Sache wäre bei Rückgabe wegen des Sachwertverlusts nicht mehr dieselbe Sache). **Zur Vertiefung:** *Fahl*, JuS 1997, 261 ff.	6
Ist es eine Unterschlagung (§ 246 II), wenn der Täter die für den Geschäftsherrn vereinnahmten Gelder zwar in die Kasse legt, aber nicht ordnungsgemäß verbucht, um Zeit für die Beschaffung von Fehlbeträgen zu gewinnen?	– **e.M.:** Nein, der Täter beansprucht zu keinem Zeitpunkt Eigenbesitz an dem Geld, sondern benutzt es nur zur Verschleierung (§ 263 bzw. § 266). **(dagg.)** Es kann keinen Unterschied machen, ob der Täter widerrechtlich das Geld eines Dritten oder das seines Geschäftsherren dazu benutzt. – **h.M.:** Ja. **Zur Vertiefung:** LPK/*Kindhäuser*, § 246 Rn. 35 f; *Rengier*, BT 1, § 5 Rn. 8; *Wessels/Hillenkamp*, Rn. 314	7

8 Begeht derjenige eine Unterschlagung, der eine fremde Sache in dem festen Glauben verpfändet, die Sache aufgrund der Besserung seiner finanziellen Situation rechtzeitig wieder auslösen zu können?	– **e.M.:** Nein, feste Rückgabeabsicht schließt die Zueignung aus. **(dagg.)** Zum Zeitpunkt der Pfandübergabe maßt sich der Täter eine Eigentümerstellung an, die Absicht späterer Schadenswiedergutmachung ändert daran nichts; im übrigen nimmt der Täter auch mit dolus eventualis in Kauf, dass das nicht gelingt. – **a.M.:** Ja. (Eventualvorsatz zur Enteignung reicht wie im Rahmen des § 242 aus). **Zur Vertiefung:** LPK/*Kindhäuser*, § 246 Rn. 34
9 Begeht derjenige eine (erneute) Unterschlagung, der sich die Sache bereits in strafbarer Weise verschafft hat (sog. wiederholte bzw. wiederholende Zueignung)?	– **e.M.** (sog. Tatbestandslösung): Nein, nur die erstmalige Sachverschaffung erfüllt den Tatbestand; was man sich schon zugeeignet hat, kann man sich schon sprachlich nicht nochmals zueignen. **(dagg.)** Probleme bei der Teilnehmerstrafbarkeit: Die Beteiligung an der Zweitzueignung wäre straflos. – **h.L.** (sog. Konkurrenzlösung). Die spätere Zueignung tritt hinter die frühere als mitbestrafte Nachtat zurück (dagegen ist die gleichzeitig mit der Sacherlangung, z.B. nach § 242 oder § 263, verwirklichte Unterschlagung kraft gesetzlicher Anordnung ausdrücklich „subsidiär"). **Zur Vertiefung:** *Hillenkamp*, Probleme BT, 24. Problem; *Joecks*, § 246 Rn. 29 f.; LPK/*Kindhäuser*, § 246 Rn. 38 f.
10 Liegt auch im Verkauf „unbesessener" Sachen an einen Dritten eine Drittzueignung (z.B. A ruft den gutgläubigen B in München an und verkauft ihm „sein" Fahrrad, das am Bahnhof in Berlin steht und in Wahrheit C gehört)?	– **e.M.:** Ja, nach der Neuformulierung genügt Drittzueignungsabsicht und es ist nicht mehr erforderlich, dass der Unterschlagende die Sache in Besitz oder Gewahrsam hat. **(dagg.)** Der B steht dem in Berlin abgestellten Fahrrad nachher nicht näher als der A oder C. – **a.M.:** Nein, bloßes „Sich-Berühmen" reicht nicht (ob auch dann nicht, wenn A oder B

	oder beide neben dem Fahrrad stünden, ist fraglich). **Zur Vertiefung:** *Joecks*, § 246 Rn. 20 ff.; LPK/*Kindhäuser*, § 246 Rn. 12; *Wessels/Hillenkamp*, Rn. 319
Setzt § 246 im subjektiven Tatbestand „Absicht" voraus?	– **e.M.:** Ja, „Zueignungsabsicht". **(dagg.)** Anders als § 242 verlangt § 246 keine solche. – **h.M.:** Nein, für den subjektiven Tatbestand genügt jeder Vorsatz. **Zur Vertiefung:** LPK/*Kindhäuser*, § 246 Rn. 32; *Rengier*, BT 1, § 5 Rn. 9 *Wessels/Hillenkamp*, Rn. 312
Ist derjenige, der die Sache einem Dritten zueignet, Täter oder Teilnehmer?	– **e.M.:** Wenn einer einem Dritten lediglich die Selbstzueignung ermöglicht, handelt es sich nur um Beihilfe zu dessen Unterschlagung. **(dagg.)** Insoweit ist die Drittzueignung eine gesetzlich zur Täterschaft aufgewertete Teilnahme. – **h.M.:** Es liegt eine täterschaftliche Drittzueignung vor. **Zur Vertiefung:** *Fischer*, § 246 Rn. 22
Ist die Sache auch dann i.S.d. § 246 II „anvertraut", wenn sie zu gesetzwidrigen (kriminellen) Zwecken, z.B. vom Dieb zur Verwahrung, übergeben worden ist?	– **e.M.:** Ja, es soll kein rechtsfreier Raum (zwischen Ganoven) entstehen. **(dagg.)** Solche Treueverhältnisse sind aber (jedenfalls dann) nicht schutzwürdig (wenn sie den Interessen des Eigentümers widersprechen). – **h.M.:** Nein (anders evtl. bei bloß sittenwidrigen Rechtsbeziehungen). **Zur Vertiefung:** *Joecks*, § 246 Rn. 28; LPK/*Kindhäuser*, § 246 Rn. 46 f.
Ist wegen § 246 (bzw. § 242) strafbar, wer eigenmächtig aus der Kasse Geld nimmt, um es in größere oder klei-	– **e.M.:** Nein, es kommt bei Geldbeträgen nur darauf an, dass die Summe stimmt (sog. Wertsummentheorie). **(dagg.)** Geldscheine und -stücke sind Sachen wie andere auch.

11

12

13

14

nere Scheine umzutauschen (sog. eigenmächtiger Kassenwechsel)?

- **h.M.:** Nein, es liegt ein mutmaßliches (Prinzip des mangelnden Interesses) oder konkludentes Einverständnis vor – dasselbe gilt etwa, wenn Waren in der Schlange vor Bezahlung an der Kasse bereits teilweise verzehrt werden.

Zur Vertiefung: *Joecks*, Vor § 242 Rn. 50 f.

15 Macht sich derjenige strafbar (§§ 246 I, II, 303), der unbestellt gelieferte Sachen veräußert bzw. zerstört?

- **e.M.:** Ja, § 241a BGB schließt nur zivilrechtliche Ansprüche aus.

  (dagg.) Das wäre nicht im Sinne des Gesetzgebers.

- **a.M.:** Nein, die Sache ist nicht mehr fremd; wem die Waren zugesandt werden, der wird wirtschaftlich Eigentümer.

  (dagg.) § 241a BGB konstituiert gerade keinen gesetzlichen Eigentumsübergang.

- **a.M.:** Nein, der fällige, einredefreie Anspruch auf die Sache aus § 241a BGB lässt auch hier die Rechtswidrigkeit der Zueignung i.S.d. § 246 entfallen.

  (dagg.) Bei § 303 versagt die Lösung, da die Rechtswidrigkeit dort nur unverbindlicher Hinweis auf die Rechtswidrigkeitsebene ist.

- **h.M.:** Nein, § 241a BGB ist ein Rechtfertigungsgrund (für § 246 und § 303).

Zur Vertiefung: *Joecks*, § 246 Rn. 32; *Satzger*, Jura 2006, 428 ff.

§ 247 Haus- und Familiendiebstahl

1 Ist nur der Eigentümer oder auch der frühere Gewahrsamsinhaber bei § 242 Verletzter?

- **e.M.:** Nur der Eigentümer; Diebstahl ist ein Eigentumsdelikt.

  (dagg.) Das Eigentum ist aber in § 242 nur vor Gewahrsamsbruch geschützt.

- **h.M.:** Verletzter ist auch, wessen Gewahrsam gebrochen wurde (dem Sinn des Antragserfordernisses steht es aber entgegen, wenn die Strafverfolgungsbehörden gegen

	den Willen des Eigentümers dessen Familienfrieden stören dürften).
	Zur Vertiefung: *Joecks,* § 247 Rn. 5; LPK/*Kindhäuser,* § 247 Rn. 9 f.
Lebt in häuslicher Gemeinschaft auch zusammen, wer gemeinsam eine Zelle oder eine Stube in einer Kaserne bewohnt?	– **e.M.:** Ja, auch das Zuhause auf Zeit ist ein Zuhause. **(dagg.)** Der ratio legis nach scheiden Zwangsgemeinschaften aus. – **h.M.:** Nein, häusliche Gemeinschaft setzt ein Zusammenleben aufgrund eines freien Willens voraus. **2**
	Zur Vertiefung: *Joecks,* § 247 Rn. 7; LPK/*Kindhäuser,* § 247 Rn. 7
Gilt § 247 auch, wenn ein persönliches Verhältnis oder eine häusliche Gemeinschaft erst nach der Tat begründet wird?	– **e.M.:** Nein, die Verhältnisse müssen im Tatzeitpunkt bestanden haben. **(dagg.)** ratio legis (Haus- und Familienfrieden) – **h.M.:** Ja (nachträgliche Auflösung lässt das Antragserfordernis aber selbst dann unberührt, wenn die Tat der Anlass dafür ist). **3**
	Zur Vertiefung: LPK/*Kindhäuser,* § 247 Rn. 8
Ist ein Strafantrag erforderlich, wenn das Opfer den Täter oder der Täter das Opfer irrtümlich für einen Angehörigen hielt?	– **e.M.:** Ja, nach der ratio legis ist auch in diesen quasi-familiären Verhältnissen ein Strafantrag erforderlich. **(dagg.)** Wenn Täter und Opfer noch in häuslicher Gemeinschaft leben, dann ist ein solcher Irrtum ohnehin belanglos, und wenn der Täter im Vertrauen darauf stiehlt, dass der vermeintliche Angehörige keinen Antrag stellen werde, dann ist das nicht schutzwürdig. – **h.M.:** Nein, entscheidend ist allein die objektive Lage. **4**
	Zur Vertiefung: *Joecks,* § 247 Rn. 12; *Lackner/ Kühl,* § 247 Rn. 3

§ 248a Diebstahl und Unterschlagung geringwertiger Sachen

1	Kommt es für die Geringwertigkeit auf den objektiven Wert oder auf den Wert der Sache für den Eigentümer an?	– **e.M.:** So etwas wie einen objektiven Wert gibt es nicht. **(dagg.)** Rechtssicherheit; bloße Affektionsinteressen haben außer Betracht zu bleiben. – **h.M.:** Es kommt allein auf den finanziellen Wert an (Ausnahme: ein solcher existiert nicht in messbarer Form; s.o. § 243 Rn. 11). **Zur Vertiefung:** LPK/*Kindhäuser*, § 248a Rn. 2 ff.; *Mitsch*, BT 1, § 1 Rn. 214
2	Ist eine EC-Karte geringwertig (§§ 248a, 243 II)?	– **e.M.:** Ja, nur geringer Herstellungs- und Wiederbeschaffungswert. **(dagg.)** Es geht aber um die funktionellen Möglichkeiten. – **h.M.:** Nein. **Zur Vertiefung:** *Fischer*, § 248a Rn. 4
3	Ist ein Strafantrag erforderlich, wenn der Einbrecher, der ursprünglich höherwertige Sachen stehlen wollte, am Ende nur geringwertige mitgenommen hat (s.o. § 243 Rn. 14 zum Vorsatzwechsel)?	– **e.M.:** Nein, § 243 II und § 248a laufen parallel. **(dagg.)** Es widerspricht sich nicht, einen Antrag zu fordern (Mitspracherecht des Opfers) und bei Vorliegen eines solchen einen besonders schweren Fall anzunehmen. – **a.M.:** Ja, Strafantrag erforderlich. **Zur Vertiefung:** *Fahl*, JuS 2001, 47, 49; LPK/*Kindhäuser*, § 248a Rn. 5
4	Ist die Frage, ob ein besonderes öffentliches Interesse an der Strafverfolgung besteht (z.B. § 248a), für den Richter überprüfbar?	– **e.M.:** Ja, wie jede Prozessvoraussetzung. **(dagg.)** Wortlaut ("es sei denn, dass die Staatsanwaltschaft …"). – **a.M.:** Nein (die Bejahung kann sogar konkludent in der Anklageerhebung liegen). **Zur Vertiefung:** LPK/*Kindhäuser*, § 248a Rn. 6

§ 248b Unbefugter Gebrauch eines Fahrzeugs

Setzt Ingebrauchnahme einen Gewahrsamsbruch voraus?	– **e.M.:** Ja, sonst würde jede Nutzung eines „Nicht-so-Berechtigten" gleich den Tatbestand erfüllen (z.B. Benutzung von Firmenwagen zu privaten Zwecken). **(dagg.)** Wortlaut – **h.M.:** Nein. **Zur Vertiefung:** LPK/*Kindhäuser*, § 248b Rn. 8; SK/*Hoyer*, § 248b Rn. 10 ff.	1
Liegt eine Ingebrauchnahme „gegen den Willen" des Berechtigten vor, wenn die Überlassung ursprünglich mit Willen des Berechtigten geschah?	– **e.M.:** Nein, „Ingebrauchnahme" stellt auf den Beginn der Nutzung ab. **(dagg.)** Jede neuerliche Nutzung (z.B. eines Autos) ist Ingebrauchnahme. – **h.M.:** Auch der „Nicht-mehr-Berechtigte" (nach Ablauf oder Widerruf seiner Befugnis) erfüllt den Tatbestand. **Zur Vertiefung:** *Joecks*, § 248b Rn. 9; LPK/*Kindhäuser*, § 248b Rn. 11 f.	2
Setzt die Subsidiaritätsklausel voraus, dass es sich um Delikte mit „gleicher oder ähnlicher Schutzrichtung" handelt?	– **e.M.:** Ja (sog. relative Subsidiarität). **(arg.)** Die Verurteilung nur wegen § 315c z.B. würde die Beeinträchtigung des Gebrauchsrechts nicht zum Ausdruck bringen (Klarstellungsfunktion). **(dagg.)** Wortlaut – **h.M.:** Nein (dasselbe Problem stellt sich auch bei § 246). **Zur Vertiefung:** LPK/*Kindhäuser*, § 248b Rn. 14; *Wessels/Hillenkamp*, Rn. 440	3
In welchem Konkurrenzverhältnis stehen die unbefugte Kraftfahrzeugbenutzung (§ 248b) und der Diebstahl am Benzin (§ 242)?	– **e.M.:** Tateinheit (§ 52). **(dagg.)** Dann käme § 248b bei Kraftfahrzeugen aufgrund seines letzten Halbsatzes praktisch nie zum Zuge. – **a.M.:** Spezialität (lex specialis derogat legi generali).	4

(dagg.) Der Dieb kann auch eigenes Benzin mitbringen, nur geschieht das typischerweise nicht.

– **a.M.:** Konsumtion (das gleiche gilt für den Schmiermitteldiebstahl).

Zur Vertiefung: *Fahl*, JA 1995, 654 ff; LPK/ *Kindhäuser*, § 248b Rn. 16

§ 248c Entziehung elektrischer Energie

1 Ist „Leiter" auch ein Körper, der geeignet ist, Elektrizität durch Induktion oder Lichtbogen aufzunehmen?

– **e.M.:** Ja, es kommt nur auf die Möglichkeit an, die Elektrizität aufzunehmen und zu übertragen.

(dagg.) Nach dem natürlichen Sprachgebrauch muss zwischen der elektrischen Anlage (oder der Einrichtung) und dem Leiter eine körperliche Berührung stattfinden.

– **a.M.:** Nein.

Zur Vertiefung: *Joecks*, § 248c Rn. 3; MüKo/ *Hohmann*, 1. Aufl., § 248c Rn. 11

2 Erfüllt den Tatbestand, wer in einem Hotelzimmer oder seinem Büro unbefugt ein Elektrogerät (z.B. Tauchsieder, Heizlüfter etc.) anschließt?

– **e.M.:** Nein, solche Geräte sind gerade „zur ordnungsgemäßen Entnahme von Energie aus der Anlage oder Einrichtung" bestimmt.

(dagg.) Auch Diebstahl muss nicht heimlich erfolgen.

– **h.M.:** Ja.

Zur Vertiefung: *Joecks*, § 248c Rn. 4; LPK/ *Kindhäuser*, § 248c Rn. 8

§ 249 Raub

Aufbauschema 1

I. Tatbestand
1. Objektiver Tatbestand
   a) Tatobjekt
      aa) Sache
      bb) Fremd
      cc) Beweglich
   b) Tathandlung
      aa) Wegnahme
      bb) Einsatz eines qualifizierten Nötigungsmittels i.S.d. § 240
         Alt. 1: Gewalt gegen eine Person ⇨ *Rn. 2, 3, 6*
         Alt. 2: Drohung mit gegenwärtiger Gefahr für Leib oder Leben
      cc) Raubspezifischer Zusammenhang („mit" Gewalt bzw. „unter"
         Drohung) ⇨ *Rn. 4 f.*
2. Subjektiver Tatbestand
   a) Vorsatz
   b) Zueignungsabsicht

II. Rechtswidrigkeit

III. Schuld

Beachte: *Qualifikationen, § 250 I*
Weitere Qualifikation, § 250 II
Erfolgsqualifikation, § 251

Liegt „Gewalt" i.S.d. § 249 I Alt. 1 vor, wenn der Täter dem Opfer die Handtasche vom Motorrad aus im Vorbeifahren wegschnappt? 2

– **e.M.:** Ja, typischer „Handtaschenraub"; an die Gewalt sind keine überspannten Anforderungen zu stellen (s.o. § 240 Rn. 2).

(dagg.) Das Tatmittel muss (nötigende) Gewalt (nicht List und Überraschung) sein; Gewalt nur „gegen Sachen" reicht nicht.

– **h.M.:** Es ist zu differenzieren, ob der Täter nur den Überraschungseffekt ausnutzte oder ob er dabei Kraft aufwendete, um einen tatsächlichen Widerstand, mit dem das Opfer möglicherweise die Handtasche noch einen Moment lang festhielt, zu brechen.

Zur Vertiefung: *Fischer,* § 249 Rn. 4a; *Kudlich,* BT 1, PdW, Nr. 153

3	Kann die „Gewalt gegen eine Person" auch in einer rein seelischen Zwangswirkung bestehen?	– **e.M.:** Ja, z.B. reicht auch nervliche Erregung. **(dagg.)** Das verwischt die Grenzen zwischen Gewalt und Drohung. – **h.M.:** Nein, Gewalt ist körperlich wirkender Zwang (s.o. § 240 Rn. 2). **Zur Vertiefung:** *Joecks,* § 249 Rn. 16
4	Wie muss der (raubspezifische) Zusammenhang zwischen Nötigung und Wegnahme beschaffen sein?	– **e.M.:** Der Einsatz des Nötigungsmittels muss die Wegnahme (objektiv) kausal fördern (Kausalzusammenhang). **(dagg.)** Ein bloß zufälliger Kausalverlauf begründet noch kein spezifisches Risiko. – **h.M.:** Der Einsatz des Nötigungsmittels muss der Wegnahme (subjektiv) final dienen (Finalzusammenhang); tatsächliche Kausalität (Förderung) ist nicht erforderlich. **Zur Vertiefung:** *Joecks,* § 249 Rn. 22; LPK/*Kindhäuser,* § 249 Rn. 11 ff.
5	Reicht für § 249 der Einsatz des Nötigungsmittels nach Vollendung?	– **e.M.:** Ja, der Einsatz des Nötigungsmittels kann bis zur Beendigung des Diebstahls erfolgen. **(dagg.)** Dann würde § 252 praktisch bedeutungslos. – **h.M.:** Nein, dessen Einsatz muss bis zur Vollendung des Diebstahls (bis zur Wegnahme) erfolgen. **Zur Vertiefung:** *Joecks,* § 249 Rn. 23
6	Kann die Gewaltanwendung auch in einem Unterlassen (§ 13) bestehen?	– **e.M.:** Nein, erfasst werden soll nur derjenige gefährliche Täter, der durch Zueignungsabsicht zur Aggression motiviert wird. **(dagg.)** Das hat aber im Gesetz keinen Ausdruck gefunden. – **h.M.:** Ja, wenn der Täter garantenpflichtwidrig die Gewaltanwendung durch Dritte

nicht hindert oder auch wenn der Täter einen bereits bestehenden Zwang nicht aufhebt (jedenfalls wenn er die Möglichkeit dazu hat und den Vorsatz zur Wegnahme nicht erst nachträglich gefasst hat).

Zur Vertiefung: *Joecks*, § 249 Rn. 28 ff.; LPK/ *Kindhäuser*, § 249 Rn. 25 ff.

§ 250 Schwerer Raub

Aufbauschema: § 250 I   1

Beachte: Vor § 250 sollte § 249 geprüft werden. Dann können im Tatbestand 1a) und 2a) entweder ganz weggelassen oder insoweit in aller Kürze auf die vorangegangene Prüfung verwiesen werden.

I. Tatbestand
  1. Objektiver Tatbestand
     a) Erfüllung des Grundtatbestandes, § 249
     b) Qualifikationsmerkmale, § 250
        aa) Nr. 1a (1) Alt. 1: Waffe
                    Alt. 2: Gefährliches Werkzeug
               (2) Beisichführen ⇨ *Rn. 4*
        bb) Nr. 1b (1) Sonst ein Werkzeug oder Mittel ⇨ *Rn. 3*
               (2) Beisichführen ⇨ *Rn. 4*
        cc) Nr. 1c Gefahr schwerer Gesundheitsschädigung für eine andere Person ⇨ *Rn. 5 f.*
        dd) Nr. 2 (1) Mitglied einer Bande
                 (2) Zur fortgesetzten Begehung verbunden
                 (3) Unter Mitwirkung eines anderen Bandenmitglieds
  2. Subjektiver Tatbestand
     a) Bzgl. § 249 (Raubvorsatz und Zueignungsabsicht)
     b) Bzgl. § 250 I
     aa) Vorsatz
     bb) Bei Nr. 1b zusätzlich: Verwendungsabsicht („um … zu")

II. Rechtswidrigkeit
  (Prüfungspunkt entfällt, wenn keine Abweichung zum Grunddelikt)

III. Schuld
  (Prüfungspunkt entfällt, wenn keine Abweichung zum Grunddelikt)

Beachte: Qualifikation, § 250 II
        Erfolgsqualifikation, § 251

2 | **Aufbauschema: § 250 II**

Beachte: Vor § 250 II sollten § 249 und § 250 I geprüft werden. Dann können im Tatbestand 1a) und b) bb (1) sowie 2a)–b) entweder ganz weggelassen oder insoweit in aller Kürze auf die vorangegangene Prüfung verwiesen werden.

I. Tatbestand
  1. Objektiver Tatbestand
     a) Erfüllung des Grundtatbestandes, § 249 bzw. § 250 I
     b) (Weitere) Qualifikation, § 250 II
        aa) Nr. 1   (1) Alt. 1: Waffe
                    Alt. 2: Gefährliches Werkzeug
                    (2) Verwenden ⇨ *Rn. 7 f.*
        bb) Nr. 2   (1) Erfüllung des Grundtatbestandes des § 250 I Nr. 2
                    (2) Waffe
                    (3) Beisichführen ⇨ *Rn. 4*
        cc) Nr. 3a Schwere körperliche Misshandlung einer anderen Person
            Nr. 3b Gefahr des Todes für eine andere Person ⇨ *Rn. 6*
  2. Subjektiver Tatbestand
     a) Bzgl. § 249 (Raubvorsatz und Zueignungsabsicht)
     b) Bzgl. § 250 I (Grunddelikt): Vorsatz bzgl. dessen Qualifikationsmerkmale
     c) Bzgl. § 250 II: Vorsatz

II. Rechtswidrigkeit
  (Prüfungspunkt entfällt, wenn keine Abweichung zum Grunddelikt)

III. Schuld
  (Prüfungspunkt entfällt, wenn keine Abweichung zum Grunddelikt)

---

3 |

Fallen auch bloße Scheinwaffen unter § 250 I?	– **e.M.:** Nein, der Unrechtsgehalt wird anders als bei § 244 durch den Einsatz einer Scheinwaffe nicht gesteigert, da der Tatbestand bereits die Täuschung oder Drohung erfasst.
	(dagg.) Eindeutiger Wortlaut („sonst ein Werkzeug oder Mittel").
	– **h.M.:** Ja, Ausnahmen gelten aber für absolut ungefährliche Scheinwaffen (s.o. § 244 Rn. 6).
	Zur Vertiefung: *Joecks,* § 250 Rn. 11 ff.; *Wessels/Hillenkamp,* Rn. 373

In welchem Zeitraum muss der Täter die Waffe bzw. das gefährliche Werkzeug i.S.d. §§ 244 I Nr. 1a, 250 I Nr. 1a, b beisichgeführt haben?	– **e.M.:** Zwischen Versuchsbeginn und Beendigung der Wegnahmehandlung. **(dagg.)** Erfasst werden soll die besondere Gefährlichkeit des gegen Widerstand bei der Wegnahme „gerüsteten" Täters. – **a.M.:** Zwischen Versuchsbeginn und Vollendung der Wegnahme (nachfolgender Einsatz erfüllt aber jedenfalls § 252). **Zur Vertiefung:** *Joecks*, § 250 Rn. 8	**4**
In welchem Zeitraum muss die Gefahr einer schweren Gesundheitsschädigung entstehen?	– **e.M.:** Zwischen Versuchsbeginn und Beendigung. **(dagg.)** Wortlaut („durch den Raub"). – **a.M.:** Zwischen Versuchsbeginn und Vollendung. **Zur Vertiefung:** *Joecks*, § 250 Rn. 19	**5**
Ist § 18 auf § 250 I Nr. 1c (bzw. § 250 II Nr. 3b) anwendbar?	– **e.M.:** Ja, es handelt sich um eine „Erfolgsqualifikation". **(dagg.)** „Gefahr" ist kein „Erfolg". – **h.M.:** Nein, es ist Vorsatz erforderlich (Fahrlässigkeit reicht nicht). **Zur Vertiefung:** *Joecks*, § 250 Rn. 30; LPK/*Kindhäuser*, § 250 Rn. 19	**6**
Ist Drohen mit einer geladenen Schreckschusspistole aus einigen Metern Entfernung ein Verwenden i.S.d. § 250 II Nr. 1?	– **e.M.:** Ja, Verwenden ist jeder zweckgerichtete Einsatz, also auch ein Drohen (wie bei anderen Waffen). **(dagg.)** Schreckschusspistolen sind aber anders als echte Pistolen nur aus der Nähe angewandt gefährlich. – **a.M.:** Nein, Verwenden liegt daher nur vor, wenn die Schreckschusspistole an das Opfer nahe herangeführt wird. **Zur Vertiefung:** *Erb*, JuS 2004, 653; *Joecks*, § 250 Rn. 21 ff.	**7**

8	Setzt das Verwenden i.S.d. § 250 II Nr. 1 voraus, dass das Opfer das Tatmittel wahrgenommen hat?	– **e.M.:** Ja, sonst handelt es sich nicht um einen zweckgerichteten Einsatz (Drohen reicht aber).
		(dagg.) Grund der Qualifikation ist die objektiv erhöhte Gefährlichkeit.
		– **a.M.:** Nein.
		Zur Vertiefung: *Joecks*, § 250 Rn. 22; LPK/*Kindhäuser*, § 250 Rn. 22

§ 251 Raub mit Todesfolge

1	**Aufbauschema**

Beachte: Vor § 251 sollten die §§ 249 ff. sowie § 222 geprüft werden. Dann kann im Tatbestand 1. entweder ganz weggelassen oder insoweit in aller Kürze auf die vorangegangene Prüfung verwiesen werden.

I. Tatbestand
1. Erfüllung des Grundtatbestandes, § 249 oder § 250
2. Eintritt der Todesfolge ⇨ *Rn. 4*
3. Kausalität zwischen Grunddelikt und Todesfolge ⇨ *Rn. 3*
4. Vorsatz oder Fahrlässigkeit bzgl. der Folge, letzterenfalls
   a) Generelle/objektive Sorgfaltspflichtverletzung bei objektiver Vorhersehbarkeit der Todesfolge
   b) Leichtfertigkeit
5. (Sonstige) Objektive Zurechnung
6. Zumindest bei Fahrlässigkeit zusätzlich: Unmittelbarkeitszusammenhang ⇨ *Rn. 2*

II. Rechtswidrigkeit
(Prüfungspunkt entfällt, wenn keine Abweichung zum Grunddelikt)

III. Schuld
1. Allgemeine Schuldmerkmale
2. Bei Leichtfertigkeit: Individuelle/subjektive grobe Sorgfaltspflichtverletzung bei subjektiver Vorhersehbarkeit der Todesfolge

2	Liegt der sog. Unmittelbarkeitszusammenhang vor, wenn dem Opfer beispielsweise lebenswichtige Medikamente oder der als Schutz vor dem Erfrieren nötige Schlafsack etc. gestohlen werden?	– **e.M.:** Ja, es reicht wenn der Tod notwendige Folge der Wegnahme ist.
		(dagg.) Auch der einfache Diebstahl dieser Sachen würde zum selben Erfolg führen.
		– **h.M.:** Nein, damit wird (schon) keine raubspezifische Gefahr geschaffen (zu Flucht, Befreiungsaktionen usw. s.o. § 239 Rn. 9; zum Herzinfarkt s.o. § 227 Rn. 4).
		Zur Vertiefung: LPK/*Kindhäuser*, § 251 Rn. 5; *Wessels/Hillenkamp*, Rn. 388

Reicht es, dass die zum Tode führende Gewaltanwendung zwischen Vollendung und Beendigung des Raubes erfolgte?	– **e.M.:** Ja, typische Raubgefahr ist auch das Freischießen des Fluchtweges. **(dagg.)** Wortlaut („durch den Raub [§§ 249 und 250]") – **h.M.:** Nein (Erschießen in Beuteerhaltungsabsicht wird aber von § 252 i.V.m. § 251 erfasst). **Zur Vertiefung:** *Fischer*, § 251 Rn. 4 f.; *Joecks*, § 251 Rn. 6; LPK/*Kindhäuser*, § 251 Rn. 6; *Wessels/Hillenkamp*, Rn. 388	3
Kann auch ein am Raub Beteiligter „ein anderer Mensch" i.S.d. § 251 sein?	– **e.M.:** Ja, der Wortlaut schließt niemanden aus. **(dagg.)** Wer die Norm verletzt kann nicht zugleich durch die Norm geschützt sein (Konfusionsargument). – **h.M.:** Nein. **Zur Vertiefung:** *Joecks*, § 251 Rn. 10; SK/*Sinn*, § 251 Rn. 4	4

§ 252 Räuberischer Diebstahl

Aufbauschema   1

I. Tatbestand

  1. Objektiver Tatbestand

    a) Tatsituation

      aa) Bei einem Diebstahl ⇨ *Rn. 2, 7*

      bb) Auf frischer Tat ⇨ *Rn. 3*

      cc) Betroffen ⇨ *Rn. 4 f.*

    b) Tathandlung

      Alt. 1: Gewalt gegen eine Person verüben

      Alt. 2: Drohung mit gegenwärtiger Gefahr für Leib oder Leben anwenden

  2. Subjektiver Tatbestand

    a) Vorsatz

    b) Besitzerhaltungsabsicht ⇨ *Rn. 6*

II. Rechtswidrigkeit

III. Schuld

Beachte: *Qualifikationen, §§ 250 I, II („gleich einem Räuber")*

           Erfolgsqualifikation, § 251

2	Kann Vortat des § 252 auch ein Raub (§ 249) sein?	– **e.M.:** Nein, die Anordnung der Bestrafung „gleich einem Räuber" wäre sonst sinnlos. **(dagg.)** Diebstahl ist im Raub enthalten („bei einem Diebstahl"). – **h.M.:** Ja, es bleibt dann bei der Strafbarkeit wegen Raubes, wenn nicht noch Qualifikationsmerkmale verwirklicht werden. **Zur Vertiefung:** *Joecks*, § 252 Rn. 9
3	Ist die Tat noch „frisch", wenn ein Taxifahrer dem Fahrgast unbemerkt die Brieftasche entwendet und 50 km später Gewalt anwendet?	– **e.M.:** Ja, selber Tatort (Taxi). **(dagg.)** großer zeitlicher und räumlicher Abstand – **a.M.:** Nein. **Zur Vertiefung:** LPK/*Kindhäuser*, § 252 Rn. 12
4	Ist „betroffen", wer seiner Entdeckung durch Gewaltanwendung zuvorkommt?	– **e.M.:** Nein, betroffen heißt „wahrgenommen". **(dagg.)** Der Wortlaut ist unklar, „Betroffensein" kann auch „Zusammentreffen" heißen. – **h.M.:** Ja (wenn er damit rechnete, andernfalls wahrgenommen zu werden). **Zur Vertiefung:** *Hillenkamp*, Probleme BT, 26. Problem
5	Ist es erforderlich, dass der Dritte, der den Täter betrifft, zum Schutz des Gewahrsams einzuschreiten bereit ist oder wäre?	– **e.M.:** Ja, § 252 will den schützen, der zur Rettung des Rechtsgutes handelt. **(dagg.)** Es kommt nur auf die subjektive Absicht des Täters an. – **h.M.:** Nein, es reicht, dass der Täter das glaubt. **Zur Vertiefung:** LPK/*Kindhäuser*, § 252 Rn. 9; *Schmidhäuser*, BT, Rn. 8/59
6	Liegt § 252 oder nur § 240 vor, wenn der Täter, der die Beute gleich am Tatort an einen Gehilfen übergeben hat, gegen einen einschreitenden Dritten Gewalt begeht?	– **e.M.:** Nur § 240, die Absicht, einen Dritten im Besitz der Beute zu erhalten, reicht nicht (darum können auch Mittäter nur vor Beuteteilung und Alleintäter, die in Drittzueignungsabsicht handeln, nur vor Übergabe § 252 verwirklichen). **(dagg.)** Der Dieb ist aber noch mittelbarer Besitzer.

	– h.M.: § 252, wenn der Täter damit zugleich den mittelbaren Besitz verteidigen will. **Zur Vertiefung:** LPK/*Kindhäuser*, § 252 Rn. 15
Kann auch der Teilnehmer der Vortat § 252 begehen?	**– e.M.:** Ja, sofern er selbst Besitz hat (Anwendung von Nötigungsmitteln, um einen Dritten im Besitz der Beute zu erhalten, reicht aber nicht). **7** **(dagg.)** § 252 besteht aus Diebstahls- und Nötigungselementen; Täter des § 252 kann daher nur sein, wer beide Elemente täterschaftlich verwirklicht und nicht, wer bzgl. der Wegnahme nur Teilnehmer ist. **– a.M.:** Nein, nur Täter der Vortat kommen als Täter des § 252 in Betracht. **Zur Vertiefung:** LK/*Vogel*, § 252 Rn. 18; LPK/*Kindhäuser*, § 252 Rn. 17; *Wessels/Hillenkamp*, Rn. 407

§ 253 Erpressung

Aufbauschema   **1**

I. Tatbestand

  1. Objektiver Tatbestand

    a) Tatobjekt: Mensch

    b) Tathandlung: Nötigen

    c) Nötigungsmittel

      aa) Alt. 1: Gewalt ⇨ *Rn. 5*

      bb) Alt. 2: Drohung mit einem empfindlichen Übel ⇨ *Rn. 6*

    d) Nötigungserfolg: Handlung, Duldung oder Unterlassung (Vermögensverfügung ⇨ *Rn. 2 ff.*)

    e) Vermögensschaden ⇨ *Rn. 7 f.*

    f) Kausalität (zwischen Nötigungshandlung und Nötigungserfolg sowie zwischen Nötigungserfolg und Vermögensschaden)

  2. Subjektiver Tatbestand

    a) Vorsatz

    b) Bereicherungsabsicht

      aa) Stoffgleichheit

      bb) Rechtswidrigkeit der beabsichtigten Bereicherung („zu Unrecht")

II. Rechtswidrigkeit
1. Fehlen von Rechtfertigungsgründen
2. Verwerflichkeit, § 253 II
III. Schuld
IV. Strafzumessung
  Besonders schwere Fälle, § 253 IV 2 (Regelbeispiele)
Beachte: *Qualifikation, § 255*
          Weitere Qualifikationen, §§ 250–251 i.V.m. § 255

2	Ist bei §§ 253, 255 eine Vermögensverfügung erforderlich?	– **Rspr.:** Nein, davon steht nichts im Gesetz; die Abgrenzung zu § 249 erfolgt über das „äußere Erscheinungsbild" von Geben (§§ 253, 255) und Nehmen (§ 249). **(dagg.)** § 249 wäre überflüssig, wenn er nur Unterfall der mit gleicher Strafe bedrohten §§ 253, 255 wäre; Umgehung der von § 249 gewollten Straflosigkeit des mit Raubmitteln erzwungenen „furtum usus". – **h.L.:** Ja, § 253 ist als „Selbstschädigungsdelikt" genau wie § 263 konstruiert (§ 249 ist „Fremdschädigungsdelikt"). **Zur Vertiefung:** *Hillenkamp,* Probleme BT, 33. Problem
3	Liegt eine Vermögensverfügung vor, wenn der Täter den Schalterangestellten einer Bank mit vorgehaltener Waffe zur Herausgabe des Geldes zwingt?	– **e.M.:** Ja (dem „äußeren Erscheinungsbild" nach handelt es sich um ein „Geben"). **(dagg.)** Dann würde aus einem „Bankraub" eine „Bankerpressung". – **h.M.:** Nein, wer glaubt, keine Wahl zu haben, verfügt nicht (es bleibt eine Wegnahme). **Zur Vertiefung:** *Kindhäuser,* BT 2, § 13 Rn. 8 f.
4	Setzt die Erpressung die Unmittelbarkeit der Vermögensverfügung voraus?	– **e.M.:** Nein, auf Unmittelbarkeit kommt es nicht an. **(dagg.)** Auch hier besteht Anlass, Konstellationen auszuscheiden, in denen das Opfer dem Täter lediglich den fremdschädigenden Zugriff ermöglicht.

	– **a.M.:** Ja (Zugriffseröffnung hat auch nicht stets „unmittelbar" die schadensgleiche Gefährdung zur Folge).	
	Zur Verteidigung: LPK/*Kindhäuser*, § 253 Rn. 34 ff.; *Otto*, BT, § 53 Rn. 5; *Wessels/Hillenkamp*, Rn. 714	
Muss die Gewalt i.S.d. § 253 wenigstens mittelbar mit einer Zwangseinwirkung auf das Opfer verbunden sein?	– **e.M.:** Nein, Gewalt gegen Personen wird von § 255 erfasst. **(dagg.)** Die Nötigungskomponente setzt aber die Zwangswirkung auf die Person voraus. – **h.M.:** Ja (ist aber regelmäßig gegeben).	5
	Zur Verteidigung: *Joecks*, § 253 Rn. 8; SK/*Günther*, § 253 Rn. 7	
Muss der Drohende das angedrohte Übel bei §§ 240, 253 auch tatsächlich wahr machen können?	– **e.M.:** Ja, Gewalt und Drohung unterscheiden sich nur durch die Gegenwärtigkeit oder Zukünftigkeit des Übels. **(dagg.)** Erfassung der sog. Trittbrettfahrer (die nur vorgeben, ein Übel realisieren zu können) – **h.M.:** Nein, Drohung ist das Inaussichtstellen eines (zukünftigen) Übels, auf das der Drohende Einfluss zu haben vorgibt, das reicht.	6
	Zur Verteidigung: *Joecks*, § 253 Rn. 9	
Unter welchen Voraussetzungen dürfen Genötigter und Geschädigter auseinander fallen („Dreieckserpressung")?	– **e.M.:** Genötigter und Geschädigter dürfen schon dem Wortlaut nach personenverschieden sein („dem Vermögen des Genötigten oder eines anderen Nachteil zufügt"), damit sich das Geschehen nach seinem äußeren Erscheinungsbild aber als ein „Geben" darstellt (s.o. Rn. 2), ist ein „faktisches Näheverhältnis" nötig. **(dagg.)** Einheitlichkeit mit § 263 – **h.M.:** Voraussetzung ist wie beim Betrug, dass der verfügende Dritte wenigstens im	7

	Lager des Geschädigten steht (Lagertheorie). **Zur Vertiefung:** LPK/*Kindhäuser*, § 253 Rn. 24 ff.; *Wessels/Hillenkamp*, Rn. 715
8 Ist derjenige Eigentümer an seinem Vermögen geschädigt, der für die Zurückerlangung seiner Sachen ein „Lösegeld" bezahlt?	– **e.M.:** Nein, wirtschaftlich betrachtet nicht, denn der Herausgabeanspruch gegen den Besitzer ist ja wertlos. **(dagg.)** Normativierung des Schadensbegriffs – **h.M.:** Ja. **Zur Vertiefung:** *Joecks*, § 253 Rn. 13; *Wessels/Hillenkamp*, Rn. 717

§ 255 Räuberische Erpressung

1   **Aufbauschema**

Beachte: *Vor § 255 sollte § 253 geprüft werden. Dann können im Tatbestand 1a) und 2a) entweder ganz weggelassen oder insoweit in aller Kürze auf die vorangegangene Prüfung verwiesen werden.*

I.   Tatbestand

1. Objektiver Tatbestand

   a) Erfüllung des Grundtatbestandes, § 253

   b) Qualifikationsmerkmal, § 255

   Einsatz eines qualifizierten Nötigungsmittels

   aa) Alt. 1: Gewalt gegen eine Person

   bb) Alt. 2: Drohung mit gegenwärtiger Gefahr für Leib oder Leben

   ⇨ *Rn. 2 f.*

2. Subjektiver Tatbestand

   a) Bzgl. § 253 (inkl. Bereicherungsabsicht)

   b) Bzgl. § 255: Vorsatz

II. Rechtswidrigkeit

   (Prüfungspunkt entfällt, wenn keine Abweichung zum Grunddelikt)

III. Schuld

   (Prüfungspunkt entfällt, wenn keine Abweichung zum Grunddelikt)

Beachte: *Qualifikationen, §§ 250 I, II („gleich einem Räuber")*
              Erfolgsqualifikation, § 251

Ist eine Gefahr „gegenwärtig", wenn ein Kaufhauserpresser androht, Lebensmittel zu vergiften, eine Bombe zu legen etc.?	– **e.M.:** Nein, solange keine Bombe angebracht ist, ist die Gefahr auch nicht gegenwärtig (nur § 253). **2** **(dagg.)** Dauergefahr – **h.M.:** Ja. **Zur Vertiefung:** *Joecks*, § 255 Rn. 8
Ist in den Fällen, in denen Nötigungsadressat und der, dem das Übel zugedacht ist, auseinander fallen (Dreiecksnötigung), erforderlich, dass der Gefährdete eine dem Genötigten nahestehende Person i.S.d. § 35 ist?	– **e.M.:** Ja, andernfalls ist nur § 253 einschlägig. **3** **(dagg.)** Die Straferschwerung knüpft nicht an eine besondere Motivation des Bedrohten, sondern an die besondere Qualität der Drohung an. – **h.M.:** Nein, auch die in § 253 und § 255 steckende Nötigung setzt das nicht voraus (s.o. § 240 Rn. 10). **Zur Vertiefung:** LPK/*Kindhäuser*, § 255 Rn. 4

§ 257 Begünstigung

Aufbauschema   **1**

I. Tatbestand
1. Objektiver Tatbestand
   a) Vortat
      aa) Rechtswidrige Tat ⇨ *Rn. 2*
      bb) Eines anderen ⇨ *Rn. 3*
      cc) Begangen
   b) Tatobjekt: Vorteil ⇨ *Rn. 5*
   c) Tathandlung: Hilfeleisten ⇨ *Rn. 4, 6 ff.*
2. Subjektiver Tatbestand
   a) Vorsatz
   b) Vorteilssicherungsabsicht ⇨ *Rn. 9*

II. Rechtswidrigkeit

III. Schuld

IV. Persönlicher Strafausschließungsgrund
Vortatbeteiligung, § 257 III 1 (Ausnahme: § 257 III 2) ⇨ *Rn. 10*

V. Strafverfolgungsvoraussetzung
Strafantrag, § 257 IV 1 und 2 i.V.m. § 248a ⇨ *Rn. 11*

2	Muss Vortat des § 257 ein Vermögensdelikt sein?	– **e.M.:** Ja, denn § 257 selbst ist ein Vermögensdelikt.
		(dagg.) Das hat im Wortlaut keinen Ausdruck gefunden, auch die Vorteile brauchen keine „Vermögensvorteile" zu sein.
		– **h.M.:** Nein, auch andere, z.B. Urkundendelikte.
		Zur Vertiefung: LPK/*Kindhäuser*, § 257 Rn. 6; *Otto*, BT, § 57 Rn. 1
3	Kann auch der Geschädigte der Vortat § 257 begehen?	– **e.M.:** Ja, § 257 ist Delikt gegen die Rechtspflege.
		(dagg.) § 257 schützt (auch) die Rechtsgüter der Vortat; Selbstverletzungen sind straflos.
		– **h.M.:** Nein, die Beeinträchtigung der Rechtspflege allein reicht nicht.
		Zur Vertiefung: *Mitsch*, BT 2, § 9 Rn. 18
4	Wie ist Beihilfe zur Vortat (§ 27) von der Begünstigung (§ 257) abzugrenzen?	– **e.M.:** Hilfe vor Vollendung fällt unter § 27, Hilfeleistung nach Vollendung unter § 257 (lex specialis).
		(dagg.) „Sukzessive Beihilfe" ist auch noch zwischen Vollendung und Beendigung möglich.
		– **a.M.:** Es greift § 257 III 1 ein, wonach wegen § 257 nicht bestraft wird, wer wegen § 27 strafbar ist.
		(dagg.) Dadurch würde § 257 zu sehr eingeengt (in der Vorwegzusage der Begünstigung läge ebenfalls eine psychische Beihilfe).
		– **h.M.:** Abgrenzung richtet sich nach Willensrichtung des Unterstützenden (soll die Haupttat gefördert werden, gilt § 27, sollen die Vorteile gesichert werden, ist § 257 anwendbar).
		Zur Vertiefung: *Joecks*, § 257 Rn. 7 ff.; *Wessels/Hillenkamp*, Rn. 806

Sind Vorteile der Tat auch noch Wertpapiere etc., die der Täter gegen das aus der Vortat stammende Geld eingetauscht hat?	– **e.M.:** Nein, wie bei § 259 ist Unmittelbarkeit (keine Surrogate) erforderlich. **5** **(dagg.)** § 257 spricht nicht von „erlangten Sachen" sondern von „Vorteilen"; der Begriff „Vorteil" kann weiter verstanden werden. – **h.M.:** Ja, es kommt nur darauf an, dass der wirtschaftliche Wert nachvollziehbar im Vermögen des Vortäters erhalten bleibt. **Zur Vertiefung:** *Joecks*, § 257 Rn. 13; LPK/*Kindhäuser*, § 257 Rn. 8; *Wessels/Hillenkamp*, Rn. 814
Muss die Hilfeleistung (auch) objektiv oder (nur) subjektiv (nach der Vorstellung des Täters) geeignet sein, dem Vortäter die Vorteile der Tat zu sichern?	– **e.M.:** Da die Hilfe kausal für die Besserstellung sein muss, muss sie auch objektiv **6** geeignet sein. **(dagg.)** § 257 ist kein Erfolgsdelikt. Auch bei der Beihilfe ist keine Kausalität erforderlich. – **a.M.:** Die Hilfeleistung muss nur subjektiv nach Vorstellung des Täters geeignet sein die Vorteile zu sichern. **(dagg.)** § 257 ist kein Unternehmensdelikt; Umgehung der Straflosigkeit des (untauglichen) Versuchs (§§ 257, 23 I, 12 II). – **h.M.:** Die Hilfeleistung muss objektiv geeignet und subjektiv darauf gerichtet sein (auf eine tatsächliche Besserstellung kommt es nicht an). **Zur Vertiefung:** *Hillenkamp*, Probleme BT, 37. Problem
Kann Mitwirken beim Absatz Hilfe i.S.d. § 257 sein?	– **e.M.:** Nein, „Absatzhilfe" fällt unter § 259. **7** **(dagg.)** Die Abgrenzung erfolgt im subjektiven Tatbestand. – **h.M.:** Ja, aber Vorteilssicherungsabsicht und Bereicherungsabsicht schließen sich aus (s.u. § 259 Rn. 14). **Zur Vertiefung:** LPK/*Kindhäuser*, § 257 Rn. 9

8	Kann auch Hilfe beim Rückverkauf an den Eigentümer § 257 erfüllen?	– **e.M.:** Nein, es fehlt an der Absicht, dem Vortäter die Vorteile der Tat zu sichern, wenn die Sache an den Eigentümer zurückgelangen soll. **(dagg.)** Auch Mitwirken beim Absatz kann Hilfe i.S.d. § 257 sein (s.o. Rn. 7). – **h.M.:** Ja. **Zur Vertiefung:** LPK/*Kindhäuser*, § 257 Rn. 18; *Wessels/Hillenkamp*, Rn. 815
9	Ist „Absicht" bei § 257 „technisch" in dem Sinne zu verstehen, dass es dem Täter gerade darauf ankommen muss, den Vortäter zu begünstigen?	– **e.M.:** Ja, sonst hat der dolus directus 1. Grades keinen Anwendungsbereich. **(dagg.)** Auch sonst im BT reicht es, dass der Täter etwas als notwendiges „Zwischenziel" auf dem Weg zu seinem eigentlichen Ziel will (z.B. §§ 240, 263 etc.). – **a.M.:** Nein, Absicht ist „untechnisch" zu verstehen. **Zur Vertiefung:** *Joecks*, § 257 Rn. 14; SK/*Hoyer*, § 257 Rn. 28
10	Ist die Begünstigung gem. § 257 III 1 auch dann straflos, wenn der Täter nicht wegen der Beteiligung an der Vortat bestraft werden kann?	– **e.M.:** Ja, der Regelung liegt der Gedanke der Selbstbegünstigung zugrunde. **(dagg.)** Die Regelung beruht auf dem Gedanken der mitbestraften Nachtat. – **a.M.:** Nein („mitbestraft" heißt nicht „straflos"). **Zur Vertiefung:** *Lackner/Kühl*, § 257 Rn. 8; *Schönke/Schröder/Stree/Hecker*, § 257 Rn. 27
11	Bedeutet die Verweisung in § 257 IV 2 auf § 248a für das Strafantragserfordernis, dass die Vortat sich auf geringwertige Sachen bezogen haben muss?	– **e.M.:** Ja, schon die Vortat muss ein geringfügiges Delikt gewesen sein. **(dagg.)** Dem Sachzusammenhang nach bezieht sich die sinngemäße Anwendung des § 248a nicht auf Charakter und Gewicht der Vortat, sondern auf die Vorteile. – **h.M.:** Ein Strafantrag ist nur erforderlich, wenn sich die Begünstigungshandlung auf geringwertige Vermögensvorteile bezieht. **Zur Vertiefung:** *Fischer*, § 257 Rn. 14; *Wessels/Hillenkamp*, Rn. 821

| Sind die Vorschriften über die tätige Reue (z.B. §§ 83a, 261 IX etc.) auf § 257 entsprechend anwendbar? | — **e.M.:** Ja, zur Vermeidung von Wertungswidersprüchen.
(dagg.) Es besteht keine planwidrige Regelungslücke.
— **h.M.:** Nein.

Zur Vertiefung: *Rengier*, BT 1, § 20 Rn. 20; Schönke/Schröder/*Stree/Hecker*, § 257 Rn. 22; *Wessels/Hillenkamp*, Rn. 817 | **12** |

§ 258 Strafvereitelung

Aufbauschema   **1**

I. Tatbestand
   1. Objektiver Tatbestand
      a) Abs. 1 (Verfolgungsvereitelung)
         aa) Vortat
            (1) Rechtswidrige Tat
            (2) Eines anderen
         bb) Tathandlung/Erfolg
            (1) Vereitelung ⇨ *Rn. 3 ff.*
            (2) Gegenstand: Bestrafung (Alt. 1: Strafvereitelung) oder Maßnahme (Alt. 2: Maßnahmevereitelung)
            (3) Umfang: Ganz oder zum Teil
      b) Abs. 2 (Vollstreckungsvereitelung)
         aa) Tatsituation
            (1) Strafe oder Maßnahme
            (2) Gegen einen anderen
            (3) Verhängt
         bb) Tathandlung/Erfolg
            (1) Vereitelung ⇨ *Rn. 8*
            (2) Gegenstand: Vollstreckung
            (3) Umfang: Ganz oder zum Teil
   2. Subjektiver Tatbestand
      a) Vorsatz bzgl. Vortat (Abs. 1) bzw. rechtskräftiger Strafe oder Maßnahme (Abs. 2)
      b) Wissentlichkeit oder Absicht bzgl. Vereitelung
II. Rechtswidrigkeit
III. Schuld
IV. Persönliche Strafausschließungsgründe
   1. Selbstbegünstigungsprivileg, Abs. 5
   2. Angehörigenprivileg, Abs. 6 ⇨ *Rn. 11 f.*
Beachte: *Qualifikation, § 258a (Amtsdelikt)*

2	Ist wegen Strafvereitelung strafbar, wer eine Ordnungswidrigkeit für eine Straftat hält?	– **e.M.:** Nein, bloßes Wahndelikt. **(arg.)** Rechtliche Fehleinschätzung, keine tatsächliche. **(dagg.)** Es handelt sich um normative Tatbestandsmerkmale, bei denen es auf die „Parallelwertung in der Laiensphäre" ankommt. – **h.M.** differenziert: Wer glaubt, dem anderen drohe für eine Ordnungswidrigkeit Strafe, begeht einen untauglichen Versuch; meint der Täter, Ordnungswidrigkeitenvereitelung sei strafbar, so handelt es sich um ein Wahndelikt. **Zur Vertiefung:** NK/*Altenhain*, § 258 Rn. 68; SK/*Hoyer*, § 258 Rn. 42
3	„Vereitelt" die Bestrafung schon, wer die Bestrafung nur „verzögert"?	– **e.M.:** Nein, das ist nur ein Vereitelungsversuch (strafbar gem. § 258 IV). **(dagg.)** Wer jemanden nur bis zu dessen Pensionsalter dem staatlichen Strafanspruch entziehen wollte, würde dann überhaupt keine (auch keine „teilweise") Strafvereitelung begehen. – **h.M.:** Ja, sofern die Bestrafung auf „geraume Zeit", d.h. mindestens 2 bis (im Vordringen befindliche Auffassung) 3 Wochen (arg. § 229 II StPO), verzögert wird. **Zur Vertiefung:** *Joecks*, § 258a Rn. 12; LPK/*Kindhäuser*, § 258 Rn. 4; Schönke/Schröder/*Stree/Hecker*, § 258 Rn. 8
4	Macht sich ein Polizist oder Staatsanwalt, der außerdienstlich von einer Straftat Kenntnis erlangt, gem. §§ 258 I, 258a strafbar, wenn er nicht einschreitet?	– **e.M.:** Ja, er muss einschreiten, § 152 II StPO (Legalitätsprinzip). **(dagg.)** Niemand würde mehr privaten Umgang mit Polizisten pflegen. – **h.M.:** Nein (es sei denn, es handelte sich um eine schwerwiegende Straftat). **Zur Vertiefung:** *Joecks*, § 258a Rn. 15; LPK/*Kindhäuser*, § 258a Rn. 4

Macht sich ein Taxifahrer (Bergführer etc.) wegen Strafvereitelung strafbar, der einen Straftäter zur Grenze bringt?	– **e.M.:** Nein, das ist „sozial-adäquates" Verhalten. **5** **(dagg.)** Sozialadäquanz schließt weder den Tatbestand noch die Rechtswidrigkeit aus. – **h.M.:** Ja, nötig ist allerdings Absicht oder Wissentlichkeit. **Zur Vertiefung:** LPK/*Kindhäuser*, § 258 Rn. 6
Macht sich ein Strafverteidiger, der einem Schuldigen zu einem Freispruch verhilft, gem. § 258 I strafbar?	– **e.M.:** Erlaubte Verteidigung ist ein Rechtfertigungsgrund (§ 193 analog: „Verteidigung von Rechten" bzw. „Wahrnehmung berechtigter Interessen"). **6** **(dagg.)** § 193 ist auf Beleidigungsdelikte beschränkt. – **h.M.:** Nein, prozessordnungsgemäße Verteidigung ist schon kein „Vereiteln" (auch bei prozessordnungswidriger Verteidigung ist für ein Vereiteln noch Absicht oder Wissentlichkeit erforderlich). **Zur Vertiefung:** *Joecks*, § 258a Rn. 14; LPK/*Kindhäuser*, § 258 Rn. 7 ff.
Ist das „Verteidigerprivileg" des § 258, demzufolge der Verteidiger sich nur bei Absicht und Wissentlichkeit strafbar macht, auf andere Tatbestände (z.B. die §§ 185 ff.; 267 ff.) übertragbar?	– **e.M.:** Ja, § 258 entfaltet eine Art „Sperrwirkung" (analog dem sog. Richterprivileg, s. § 339 Rn. 10). **7** **(dagg.)** Das ist dogmatisch nicht möglich. – **h.M.:** Nein, allerdings darf dem Verteidiger als „Organ der Rechtspflege" regelmäßig auch kein bedingter Vorsatz unterstellt werden. **Zur Vertiefung:** *Fahl*, JA 2004, 796
Ist die Bezahlung fremder Geldstrafen Vollstreckungsvereitelung (§ 258 II)?	– **e.M.:** Ja, wie die Verbüßung einer Freiheitsstrafe für einen anderen auch. **8** **(dagg.)** Umgehungsmöglichkeiten: Schenkung wäre erlaubt. – **h.M.:** Nein, die „persönliche Betroffenheit" ist (anders als bei der Freiheitsstrafe) mit Vollstreckungsmitteln nicht durchsetzbar. **Zur Vertiefung:** *Hillenkamp*, Probleme BT, 12. Problem

9	Ist nach § 258 V auch die Begünstigung eines anderen (§ 257) mit dem Zweck, die eigene Bestrafung zu vereiteln, straffrei?	– **e.M.:** Ja, wenn das eine nicht ohne das andere möglich ist. **(dagg.)** Eine dem § 258 V entsprechende Vorschrift fehlt bei § 257. – **h.M.:** Nein, für eine Analogie fehlt die Regelungslücke. **Zur Vertiefung:** *Lackner/Kühl*, § 258 Rn. 16; LPK/*Kindhäuser*, § 258 Rn. 22
10	Ist nach § 258 VI auch die Begünstigung eines anderen (§ 257) mit dem Zweck, die Bestrafung eines Angehörigen zu vereiteln, straffrei?	– **e.M.:** Ja, wenn das eine nicht ohne das andere möglich ist (s.o. Rn. 9). **(dagg.)** Eine dem § 258 VI entsprechende Vorschrift fehlt bei § 257. – **h.M.:** Nein, keine Regelungslücke. **Zur Vertiefung:** *Joecks*, § 258a Rn. 19; SK/*Hoyer*, § 258 Rn. 38
11	Ist § 258 VI analog auf die Vereitelung der Bestrafung einer nahestehenden Person anwendbar?	– **e.M.:** Ja, es besteht dieselbe Konfliktlage wie bei Angehörigen. **(dagg.)** Anders als in § 35 wird diese Personengruppe hier nicht erwähnt. – **h.M.:** Nein, Gleichstellung ist dem Gesetzgeber überlassen. **Zur Vertiefung:** LPK/*Kindhäuser*, § 258 Rn. 23
12	Ist auch derjenige, der nur irrig glaubt, er begünstige einen Angehörigen, gem. § 258 VI straflos?	– **e.M.:** Nein, entscheidend ist allein die objektive Lage; persönliche Strafausschließungsgründe stehen jenseits von Unrecht und Schuld. **(dagg.)** Notstandsähnliche Konfliktlage. – **h.M.:** Ja, § 258 VI steht im Zusammenhang mit § 258 V, wo es ebenfalls allein auf das Vorstellungsbild des Täters ankommt („will"). **Zur Vertiefung:** *Fischer*, § 258 Rn. 39; *Joecks*, § 258a Rn. 17 f.

§ 259 Hehlerei

Aufbauschema 1

I. Tatbestand

  1. Objektiver Tatbestand

    a) Vortat

      aa) Diebstahl oder sonstige gegen fremdes Vermögen gerichtete rechtswidrige Tat ⇨ *Rn. 3 f.*

      bb) Eines anderen ⇨ *Rn. 2*

    b) Tatobjekt: Durch die Vortat erlangte Sache

      aa) Sache ⇨ *Rn. 6 f.*

      bb) Erlangt ⇨ *Rn. 5*

      cc) Durch die Vortat

    c) Tathandlung

      aa) Ankaufen ⇨ *Rn. 8 ff.*

      bb) Sichverschaffen ⇨ *Rn. 8, 10 ff.*

      cc) Absetzen ⇨ *Rn. 13 f.*

      dd) Absatzhilfe

  2. Subjektiver Tatbestand

    a) Vorsatz

    b) Bereicherungsabsicht ⇨ *Rn. 16 ff.*

II. Rechtswidrigkeit

III. Schuld

IV. Strafverfolgungsvoraussetzung

  Strafantrag, § 259 II i.V.m. §§ 247, 248a ⇨ *Rn. 19 f.*

Beachte: *Qualifikation, § 260*

          Weitere Qualifikation, § 260a

Kann auch ein Teilnehmer der Vortat Hehlerei begehen?	– **e.M.:** Nein, wenn schon der Täter das nicht kann, dann auch kein Teilnehmer (Erst-Recht-Schluss).
	(dagg.) Wortlaut: Täter ist im Verhältnis zum Teilnehmer „ein anderer".
	– **h.M.:** Ja, das gilt selbst dann, wenn Vortatteilnahme von vornherein darauf abzielte (sogar Mittäter, aber nur an der Beute des anderen).
	Zur Vertiefung: *Joecks*, § 259 Rn. 7; LPK/ *Kindhäuser*, § 259 Rn. 8 ff.; *Wessels/Hillenkamp*, Rn. 881 ff.

2

3 Können auch Nötigung (§ 240), Urkundenfälschung (§ 267) etc. „gegen fremdes Vermögen gerichtete" rechtswidrige Taten sein?	– **e.M.:** Nein, erfasst sind nur Vermögensdelikte (z.B. §§ 242 ff., §§ 263 ff.).
	(dagg.) Wortlaut erfordert nur, dass eine rechtswidrige, fremde Vermögensinteressen entgegenstehende Besitzlage geschaffen wurde.
	– **h.M.:** Ja (an der rechtswidrigen Besitzlage fehlt es aber bei Versicherungsmissbrauch und -betrug bzgl. der angeblich untergegangenen Sache).
	Zur Vertiefung: *Joecks,* § 259 Rn. 8; MüKo/*Lauer,* 1. Aufl., § 259 Rn. 23 ff.; *Wessels/Hillenkamp,* Rn. 828 f.
4 Können auch reine „Auslandstaten" Vortaten sein?	– **e.M.:** Nein, dafür interessiert sich die deutsche Strafrechtspflege nicht; eine § 261 VIII entsprechende Regelung fehlt.
	(dagg.) Hehlereiunrecht ist eigenständiges Unrecht („Der Hehler ist schlimmer als der Stehler").
	– **h.M.:** Ja, vorausgesetzt, dass die Tat nach deutschem Strafrecht strafbar wäre (die Vortat muss auch sonst nicht verfolgbar sein, z.B. bei Fehlen eines Strafantrags, Verjährung etc.).
	Zur Vertiefung: Schönke/Schröder/*Stree/Hecker,* § 259 Rn. 10
5 Muss die Vortat zum Zeitpunkt der Hehlereihandlung bereits abgeschlossen sein?	– **e.M.** (Gleichzeitigkeitstheorie): Nein, es reicht, dass die Vortat durch Verfügung zugunsten des Vortäters begangen wird.
	(dagg.) Wortlaut („erlangt hat").
	– **a.M.:** Ja, die Hehlerei setzt als Anschlussdelikt voraus, dass die Vortat rechtlich und tatsächlich abgeschlossen, d.h. „beendet" (Beendigungstheorie) oder zumindest „vollendet" (Vollendungstheorie) war.
	(dagg.) Das fordert selbst der Wortlaut nicht.

	– **h.M.:** Nein, nicht die Vortat, sondern nur die „Sacherlangung" muss abgeschlossen sein.
	Zur Vertiefung: *Beulke*, KK III, Rn. 293 (65. Problem); *Hillenkamp*, Probleme BT, 38. Problem
Muss die Sache vor der Vortat bereits vorhanden gewesen sein?	– **e.M.:** Nein, z.B. Raubkopien oder falsche Telefonkarten, die ein anderer durch gegen fremdes Vermögen gerichtete rechtswidrige Tat (§ 269) erlangt hat. **6**
	(dagg.) Wo nichts vorhanden war, kann auch keine rechtswidrige Besitzlage aufrechterhalten werden.
	– **h.M.:** Ja (Aufrechterhaltungs- oder Perpetuierungstheorie).
	Zur Vertiefung: LPK/*Kindhäuser*, § 259 Rn. 13; *Wessels/Hillenkamp*, Rn. 829
Ist das Wechselgeld, das der Täter gegen gestohlenes Geld eingetauscht hat, noch geeignetes Hehlereiobjekt?	– **e.M.:** Ja, bei Geld kommt es nie auf den individuellen Gegenstand, sondern immer auf den Wert an (Wertsummentheorie). **7**
	(dagg.) Grundsatz der Straflosigkeit der Ersatzhehlerei
	– **h.M.:** Nein, Hehlerei ist ausnahmslos nur an der gestohlenen Sache selbst möglich (Aufrechterhaltungstheorie).
	Zur Vertiefung: *Joecks*, § 259 Rn. 15; *Wessels/Hillenkamp*, Rn. 836
Setzt das Ankaufen bzw. Sichverschaffen ein kollusives Verhalten i.S. eines beiderseitigen Unrechtsbewusstseins voraus?	– **e.M.:** Ja, Schutzzweck des § 259 ist, das Entstehen eines Schwarzmarktes zu verhindern. **8**
	(dagg.) Strafgrund ist die Aufrechterhaltung oder Perpetuierung rechtswidriger Besitzlagen.
	– **h.M.:** Nein, einvernehmliches Zusammenwirken reicht (relevant, wenn das Zwischenglied gutgläubig ist, ohne dass die

rechtswidrige Besitzlage dadurch endet, § 935 BGB).

Zur Vertiefung: LPK/*Kindhäuser*, § 259 Rn. 19; *Wessels/Hillenkamp*, Rn. 846

---

9 Reicht der Abschluss des schuldrechtlichen Vertrages für Ankaufen (§ 259 I Var. 1) aus?

– **e.M.:** Ja, Wortlaut (Kauf).

(dagg.) Ankaufen ist lediglich ein Unterfall des Sichverschaffens; es geht um die Perpetuierung rechtswidriger Besitzlagen.

– **h.M.:** Nein, es kommt auf die Übergabe der Sache (dinglicher Vertrag) an (der Abschluss des Kaufvertrags ist noch nicht einmal Versuch, wenn noch wesentliche Zwischenschritte fehlen, § 259 III).

Zur Vertiefung: *Joecks*, § 259 Rn. 19

---

10 Liegt ein Ankaufen oder Sichverschaffen vor, wenn der Vortäter (Dieb) die Sache vom Hehler zurückerwirbt bzw. -erhält?

– **e.M.:** Ja, Hehlerei (§ 259) ist seinerseits geeignete Vortat; der Hehler ist für den Dieb „ein anderer".

(dagg.) Damit wird aber nichts perpetuiert.

– **h.M.:** Nein, für den Berechtigten wird es dadurch nicht schwieriger, sondern einfacher, die Sache zurückzuerlangen (daher auch kein vollendetes, sondern nur versuchtes Absetzen, wenn es an einen Polizisten erfolgt).

Zur Vertiefung: LPK/*Kindhäuser*, § 259 Rn. 6; MüKo/*Lauer*, 1. Aufl., § 259 Rn. 52

---

11 Verschafft sich die im Gewahrsam des Pfandleihers befindlichen Sachen, wer den Pfandschein erwirbt?

– **e.M.:** Ja, damit erlangt man Verfügungsgewalt (wie bei Gepäckscheinen, Schließfachschlüsseln etc.).

(dagg.) Der Pfandschein berechtigt zur Aushändigung an den Inhaber, verpflichtet aber nicht, das tut nur die Darlehensrückzahlung.

– **a.M.:** Nein, aber es kommt § 259 I Var. 1 am Pfandschein in Betracht – Sichver-

	schaffen einer Sache, die durch Betrug (am Pfandleiher) erlangt wurde (wenn man nicht sagt, dass nur das Darlehen „durch" den Betrug erlangt ist, aber nicht der Pfandschein). **Zur Vertiefung:** *Hillenkamp*, Probleme BT, 39. Problem	
Liegt im Verzehr von Nahrungs- und Genussmitteln auf Einladung des Gastgebers ein Sichverschaffen?	– **e.M.:** Ja, Verzehr ist die intensivste Form des Sichverschaffens. **(dagg.)** Was verzehrt wird, bestimmt der Gastgeber und nicht die Gäste. – **h.M.:** Nein, der Gastgeber „verschafft" seinen Gästen (Drittverschaffung). **Zur Vertiefung:** *Fischer*, § 259 Rn. 12; NK/*Altenhain*, § 259 Rn. 33; *Wessels/Hillenkamp*, Rn. 852	12
Kann auch Verschenken ein Absetzen sein?	– **e.M.:** Ja, es kommt auf das Weiterverschieben an (Perpetuierungstheorie). **(dagg.)** Absetzen heißt „wirtschaftlich Verwerten". – **h.M.:** Nein, es sei denn, es erfolgt in Erwartung einer Gegenleistung oder in Abgeltung von geleisteten Diensten (zumindest teilweise entgeltlicher Charakter). **Zur Vertiefung:** *Küper*, BT, S. 7; *Wessels/Hillenkamp*, Rn. 865, 868	13
Ist Absetzen auch der Rückverkauf an den Eigentümer?	– **e.M.:** Ja, Absetzen heißt „wirtschaftlich Verwerten". **(dagg.)** Damit endet aber die rechtswidrige Besitzlage (Perpetuierungstheorie). – **h.M.:** Nein, unabhängig davon, ob der Verletzte sein Eigentum erkennt oder nicht. **Zur Vertiefung:** *Joecks*, § 259 Rn. 24; LPK/*Kindhäuser*, § 259 Rn. 23	14

15	Setzt ein vollendetes Absetzen (oder Absetzenhelfen) voraus, dass es zu einem Erfolg gekommen ist?	– **e.M.:** Ja, die alte Formulierung („Mitwirken zum Absatz") wurde bewusst aufgegeben.

(arg.) „Hilfe" ist wie bei § 27 auszulegen, so dass dafür ein Erfolg erforderlich ist.

(dagg.) Der historische Gesetzgeber wollte durch die Neufassung am bisherigen Rechtszustand nichts ändern.

– **e.M.:** Ja, zumindest im Falle des Absetzens.

(arg.) Für Absatzhilfe bzw. „Hilfe" zur Absatzhilfe (§ 27) ist sonst kein Raum.

(dagg.) Das stimmt nicht, wenn die unselbständige Tätigkeit nicht im Interesse des Vortäters, sondern des Hehlers, z.B. als dessen Sekretärin, erfolgt.

– **h.M.:** Nein, mit dem Wortlaut ist es vereinbar, darin eine Tätigkeit statt einen Erfolg zu sehen.

Zur Vertiefung: *Hillenkamp*, Probleme BT, 40. Problem

16	Kann „Dritter" auch der Vortäter sein?	– **e.M.:** Ja (§ 257 und § 258 konkurrieren ideal, § 52).

(dagg.) Der Wortlaut verlangt drei Personen.

– **h.M.:** Nein (sonst würden die Grenzen zwischen § 257 und § 258 aufgelöst).

Zur Vertiefung: *Joecks*, § 259 Rn. 32; *Wessels/Hillenkamp*, Rn. 873

17	Muss der Täter bei § 259 beabsichtigen, sich „rechtswidrig" bzw. „zu Unrecht" zu bereichern?	– **e.M.:** Ja, allgemeiner Grundsatz, z.B. bei § 253 („zu Unrecht"), § 263 („rechtswidrig").

(dagg.) Wortlaut des § 259.

– **h.M.:** Nein (da es bei § 259 um die Aufrechterhaltung rechtswidriger Besitzlagen geht, ist das aber normalerweise der Fall).

Zur Vertiefung: *Fischer*, § 259 Rn. 26; MüKo/*Lauer*, 1. Aufl., § 259 Rn. 106

Muss der angestrebte Vermögensvorteil „stoffgleich" mit dem Vermögensnachteil des durch die Vortat Geschädigten sein?	– **e.M.:** Ja, allgemeiner Grundsatz der Bereicherungsabsicht, z.B. bei §§ 253, 263. **(dagg.)** Rechtswidrigkeit der angestrebten Bereicherung ist ja auch nicht erforderlich (s.o. Rn. 16). – **h.M.:** Nein (obwohl sie normalerweise gegeben ist). **Zur Vertiefung:** *Fischer,* § 259 Rn. 28; Schönke/Schröder/*Stree/Hecker,* § 259 Rn. 42

18

Bedeutet die Verweisung in § 259 II auf § 248a, dass die Vortat sich auf geringwertige Sachen bezogen haben muss oder dass die erstrebte Bereicherung geringwertig sein muss?	– **e.M.:** Es kommt auf den Wert der erstrebten Bereicherung an – wie bei § 257 IV 2 (s.o. § 257 Rn. 11). **(dagg.)** Der Vorteil des Hehlers ist für den Geschädigten gleichgültig. – **a.M.:** Es kommt auf den Wert der gehehlten Sachen an. **Zur Vertiefung:** LPK/*Kindhäuser,* § 259 Rn. 2; *Wessels/Hillenkamp,* Rn. 885

19

Bedeutet in § 259 II die Verweisung auf § 247, dass die Tat dann Antragsdelikt ist, wenn die Vortat ein Haus- oder Familiendiebstahl war?	– **e.M.:** Ja, auch § 248a bezieht sich ja auf die Vortat (s.o. Rn. 18). **(dagg.)** Der Familienfrieden wird nicht gestört, wenn gegen den Hehler ermittelt wird (ratio legis). – **a.M.:** Nein, es kommt auf die Beziehung des Geschädigten zum Hehler an. **Zur Vertiefung:** MüKo/*Lauer,* 1. Aufl., § 259 Rn. 126; Schönke/Schröder/*Stree/Hecker,* § 259 Rn. 51

20

§ 261 Geldwäsche; Verschleierung unrechtmäßig erlangter Vermögenswerte

Aufbauschema

I. Tatbestand
   1. Objektiver Tatbestand

1

a) Vortat
  aa) Rechtswidrige Tat
  bb) Aus dem Katalog des § 261 I 2 Nr. 1–5
b) Tatobjekt
  aa) Gegenstand
  bb) Aus der Tat herrühren ⇨ *Rn. 2 f.*
c) Tathandlung ⇨ *Rn. 5*
  aa) Abs. 1 (Veschleierungstatbestand)
        (1) Verbergen
        (2) Herkunft verschleiern
        (3) Vereiteln der Ermittlung der Herkunft etc.
             (Vereitelungstatbestand)
        (4) Gefährden (Gefährdungstatbestand)
  bb) Abs. 2 (Isolierungstatbestand)
        (1) Nr. 1: Sichverschaffen ⇨ *Rn. 4 ff.*
        (2) Nr. 2
             (a) Verwahren
             (b) Verwenden
d) Tatbestandsausschluss gem. Abs. 6 ⇨ *Rn. 8*
2. Subjektiver Tatbestand
  a) Vorsatz bzgl. 1 a), b) aa), c)
  b) Vorsatz oder (Abs. 5) Leichtfertigkeit bzgl. 1. b) bb) ⇨ *Rn. 6 f.*

II. Rechtswidrigkeit

III. Schuld
  1. Allgemeine Schuldmerkmale
  2. Bei Leichtfertigkeit: Individuelle/subjektive grobe Sorgfaltspflichtverletzung bei subjektiver Vorhersehbarkeit und Vermeidbarkeit

IV. Strafwürdigkeit/Strafbedürftigkeit
  1. Persönlicher Strafausschließungsgrund: Vortatbeteiligung, § 261 IX 2
  2. Persönlicher Strafaufhebungsgrund: Tätige Reue, § 261 IX 1 Nr. 1 bzw. 2
  3. Absehen von Strafe, § 261 X (Kronzeugenregelung)

V. Strafzumessung
  Besonders schwere Fälle, § 261 IV 2 (Regelbeispiele)

| 2 | Rühren Gegenstände, die nur zur Begehung oder Vorbereitung des Verbrechens benutzt wurden (sog. instrumenta sceleris), daraus her? | – **e.M.:** Ja, der Wortlaut ist weit genug (Richtlinientext: „is derived from"). **(dagg.)** Dann wäre auch das Hacken von Holz mit der Axt, mit welcher der Vater den Bruder erschlagen hat, Geldwäsche gem. § 259 II Nr. 2. |

	– **a.M.**: Nein, erfasst werden nur Gewinne aus der Tat, einschließlich dessen, was der Täter aus der Vortat als Lohn oder Entgelt erlangt hat (scelere quaesita) oder durch sie hervorgebracht wurde (producta sceleris). **Zur Vertiefung:** *Fahl*, Jura 2004, 160 ff.	
Rühren auch Gegenstände (Surrogate) aus der Tat her, die teils mit legalen und teils mit illegalen Mitteln finanziert wurden?	– **e.M.**: Ja, auch solche Gegenstände sollten gerade kontaminiert werden, um die Wiedereinschleusung in den legalen Wirtschaftskreislauf („Weißwaschen") zu unterbinden (ratio legis). **(dagg.)** Infolge „Verdünnung" und „Vervielfältigung" wäre in kürzester Zeit der gesamte Wirtschaftskreislauf infiziert. – **a.M.**: Nein, aber die Grenze ist unklar (z.B. 50 %, 25 %, 10 %). **Zur Vertiefung:** *Fischer*, § 261 Rn. 8; Schönke/Schröder/*Stree/Hecker*, § 261 Rn. 9	3
Setzt das Sichverschaffen gem. § 261 II Nr. 1 ein Handeln im Einvernehmen mit dem Vortäter voraus?	– **e.M.**: Nein, das ist bei § 261 II Nr. 1 verzichtbar. **(dagg.)** Einheitlichkeit mit § 259 – **a.M.**: Ja. **Zur Vertiefung:** LPK/*Kindhäuser*, § 261 Rn. 18; *Wessels/Hillenkamp*, Rn. 898	4
Macht sich wegen Geldwäsche strafbar, wer als verdeckter Ermittler an Finanzgeschäften teilnimmt?	– **e.M.**: Ja, § 110c StPO sieht einen Rechtfertigungsgrund nur für das Betreten der Wohnung (§ 123) vor. **(arg.)** Auch sonst ist ein Rechtfertigungsgrund für „milieubedingte Straftaten" von verdeckten Ermittlern nicht anzuerkennen. **(dagg.)** Der Schutzzweck des § 261 wird durch verdeckte Ermittler nicht berührt. – **a.M.**: Nein, teleologische Reduktion des Tatbestandes. **Zur Vertiefung:** LPK/*Kindhäuser*, § 261 Rn. 17; *Wessels/Hillenkamp*, Rn. 899	5

6 | Macht sich ein Verteidiger, der als Honorar für seine Tätigkeit von einem Mandanten Geld annimmt, das nicht ausschließbar aus einer Katalogtat stammt, wegen § 261 II Nr. 1 strafbar?

— **e.M.**: Ja, der Gesetzgeber hat die vorgesehene Ausschlussklausel eigens gestrichen; ein Mandant, der nur über kontaminiertes Geld verfügt, ist einem gleichzustellen, der über gar kein Geld verfügt; mag sich der Verteidiger zum Pflichtverteidiger bestellen lassen, der sein Geld aus der Staatskasse bekommt.

(dagg.) Pflichtverteidigung ist nicht stets möglich (vgl. § 140 I, II StPO); das Recht auf freie Wahl der Verteidigers würde beschränkt; es bestünde sogar die Gefahr der Einleitung eines Ermittlungsverfahrens gegen den Verteidiger und seiner Überwachung durch die Staatsanwaltschaft.

— **h.M.**: Nein, die Strafbarkeit des Verteidigers ist im Wege verfassungskonformer Auslegung auf direkten Vorsatz (Absicht und Wissentlichkeit) zu beschränken; § 261 V findet auf die Honorarannahme von Verteidigern keine Anwendung.

Zur Vertiefung: *Fahl*, JA 2004, 624 ff.; *ders.*, JA 2004, 704 ff.

7 | Macht sich der Arzt, Taxifahrer, Bäcker, der für Lebensmittel bzw. Güter und Dienstleistungen des täglichen Bedarfs Geld annimmt, das nicht ausschließbar aus einer Katalogtat stammt, wegen § 261 II Nr. 1 strafbar?

— **e.M.**: Nein, auch sie können sich auf Berufsfreiheit (Art. 12 GG) berufen; Honorare werden „vereinnahmt", nicht „sich verschafft"; teleologische Reduktion (Gesetzgeber wollte die „Organisierte Kriminalität" treffen); Sozialadäquanz (berufstypisches Verhalten).

(dagg.) Das würde in Widerspruch geraten zur Strafbarkeit der im Vorhinein gewährten Unterstützung (sog. neutrale Beihilfe).

— **h.M.**: Ja, bei dolus eventualis (bzw. nach § 261 V sogar Fahrlässigkeit in Form der Leichtfertigkeit) bzgl. der Herkunft des Geldes.

Zur Vertiefung: LPK/*Kindhäuser*, § 261 Rn. 13; MüKo/*Neuheuser*, 1. Aufl., § 261 Rn. 72

| Gilt § 261 VI auch für Absatz 1 mit der Folge, dass ein einmal gutgläubig erworbener Gegenstand als Geldwäscheobjekt ausscheidet? | – **e.M.:** Ja, um Spannungen zwischen Abs. 1 und 2 zu vermeiden. **(dagg.)** contra legem
 – **h.M.:** Nein, § 261 VI ist seinem klaren Wortlaut nach auf Abs. 2 beschränkt.
 Zur Vertiefung: LPK/*Kindhäuser*, § 261 Rn. 12; *Rengier*, BT 1, § 23 Rn. 17; *Wessels/Hillenkamp*, Rn. 901 | **8** |

§ 263 Betrug

Aufbauschema **1**

I. Tatbestand
  1. Objektiver Tatbestand
     a) Täuschung ⇨ *Rn. 2 ff., 38*
     b) Irrtum ⇨ *Rn. 6 f., 14 f.*
     c) Vermögensverfügung ⇨ *Rn. 8 ff., 39*
     d) Vermögensschaden ⇨ *Rn. 11 ff., 16 ff., 40*
     e) Kausalität (jeweils zwischen a–b; b–c; c–d)
  2. Subjektiver Tatbestand
     a) Vorsatz
     b) Bereicherungsabsicht ⇨ *Rn. 34*
        aa) Stoffgleichheit ⇨ *Rn. 36*
        bb) Rechtswidrigkeit der beabsichtigten Bereicherung ⇨ *Rn. 35*

II. Rechtswidrigkeit

III. Schuld

IV. Strafzumessung
  Besonders schwere Fälle, § 263 III (Regelbeispiele mit Geringwertigkeitsklausel § 263 IV i.V.m. § 243 II) ⇨ *Rn. 41 f.*

V. Strafverfolgungsvoraussetzung
  Strafantrag, § 263 IV i.V.m. §§ 247, 248a

Beachte: *Qualifikation, § 263 V*

| Gehört das Bewusstsein, etwas Unwahres zu sagen, zur Täuschung? | – **e.M.:** Ja, wer dieses Bewusstsein nicht hat, „täuscht" schon nicht. **(dagg.)** Das ist ein Vorsatzproblem.
 – **h.M.:** Nein (das zeigt auch § 264 IV).
 Zur Vertiefung: LPK/*Kindhäuser*, § 263 Rn. 46; *Rengier*, BT 1, § 13 Rn. 5; *Wessels/Hillenkamp*, Rn. 492 | **2** |

Kann der Täter auch mit der „Behauptung wahrer Tatsachen" konkludent täuschen?	– **e.M.:** Ja, z.B. bei Kostenfallen im Internet oder beim Insertionsoffertenbetrug, bei dem ein Angebotsformular nach Farbe und Gestaltung einer Rechnung gleicht (sog. Scheinrechnung).

(dagg.) Täuschung ist stets eine unwahre Tatsachenbehauptung.

– **h.M.:** Nein, das Verhalten kann aber auf eine unwahre Tatsachenbehauptung – das Web-Angebot sei kostenlos (Abzockfalle) bzw. es handele sich um eine Rechnung – hinauskommen.

Zur Vertiefung: *Joecks*, § 263 Rn. 36a f.; LPK/ *Kindhäuser*, § 263 Rn. 62; *Wessels/Hillenkamp*, Rn. 499

Liegt eine Täuschung in automatisierten, sofort nach Herstellung der Verbindung wieder abgebrochenen Telefonanrufen, die nur dazu dienen, den Angerufenen zum kostenpflichtigen Rückruf zu veranlassen (sog. Ping-Anruf)?	– **e.M.:** Nein, mit der wahren Tatsache, dass ein Anruf erfolgte, kann nicht getäuscht werden.

(dagg.) Darin steckt die unwahre Tatsache, dass das Zustandekommen einer Verbindung beabsichtigt war.

– **h.M.:** Ja.

Zur Vertiefung: *Ellbogen/Erfurth*, CR 2008, 635 ff.; *Jahn*, JuS 2010, 1119 ff.

Liegt eine (schlüssige) Täuschung vor, wenn der Kontoinhaber vom eigenen Girokonto einen dort versehentlich aufgetauchten Betrag abhebt?	– **e.M.:** Ja, der Abhebende erklärt damit konkludent, einen (in Wahrheit nicht bestehenden) Anspruch auf das Geld zu haben.

(dagg.) Er hat ja einen Anspruch auf Auszahlung von seinem Konto.

– **a.M.:** Es ist danach zu differenzieren, ob eine Fehlbuchung (der Bank) oder eine Fehlüberweisung (eines Dritten) ursächlich war, nur im ersteren Fall liegt Betrug vor.

(dagg.) Das ist nicht sachgerecht.

– **h.M.:** Nein (unabhängig von einem etwaigen Stornorecht).

Zur Vertiefung: *Joecks*, § 263 Rn. 43 ff.; *Kudlich*, BT 1, PdW, Nr. 95; *Lackner/Kühl*, § 263 Rn. 9

Liegt eine (konkludente) Täuschung der betreffenden Bank vor, wenn jemand einen ihm von einem Dritten gewährten Kredit per Einzugsermächtigung abruft, damit der Kreditgeber diese widerrufen kann (und so das Geld auf seinem Konto wieder gut geschrieben bekommt), falls er das Darlehen nicht zurückzahlen kann (sog. Lastschriftreiterei)?	– **e.M.:** Nein, wer eine Lastschrift einreicht, behauptet nicht, der andere werde den Lastschrifteinzug nicht widerrufen, noch behauptet er im Falle des Widerrufs (noch) zahlungsfähig zu sein. **6** **(dagg.)** Er behauptet aber mit der Einreichung (konkludent), das Lastschrifteneinzugsverfahren zu dem zu benutzen, wozu es gedacht ist, als Möglichkeit des bargeldlosen Zahlungsverkehrs (und nicht als Mittel der Kreditsicherung, bei dem das Ausfallrisiko auf die Bank abgewälzt wird, die davon nichts hat). – **h.M.:** Ja (bei mehreren hintereinander gestaffelten Krediten kann ein Schaden trotz eingetretener Gefährdungen aber nur in Höhe des letzten bejaht werden, da mit jedem neuen Darlehen die Vermögensgefährdung durch das frühere beseitigt wird). **Zur Vertiefung:** *Fahl*, Jura 2006, 733 ff.
Reicht das unbestimmte Gefühl, es sei alles „in Ordnung" für einen Irrtum aus?	– **e.M.:** Ja, es reicht Nichtwissen der maßgeblichen Tatsache. **7** **(dagg.)** Keine Vorstellung (ignorantia facti) ist keine Fehlvorstellung über Tatsachen. – **a.M.:** Nein, das unbestimmte Gefühl, alles sei „in Ordnung", reicht nicht. **(dagg.)** Die Vorstellung, alles sei „in Ordnung", ist nicht keine Vorstellung. – **h.M.:** Sachgedankliches Mitbewusstsein, dass alles „in Ordnung" sei, genügt. **Zur Vertiefung:** *Joecks*, § 263 Rn. 48; LPK/*Kindhäuser*, § 263 Rn. 96 ff.
Schließen Zweifel an der Wahrheit des Behaupteten den Irrtum aus?	– **e.M.:** Ja, wer Zweifel hat und dennoch verfügt, gefährdet sein Vermögen selbst. **8** **(dagg.)** Die Verfügung zeigt, dass die Zweifel letztlich wirkungslos geblieben sind.

		— **a.M.:** Der Verfügende muss die Wahrheit des Behaupteten wenigstens für wahrscheinlicher halten als dessen Unwahrheit.
		(dagg.) Das ist kaum abgrenzbar.
		— **h.M.:** Bloße Zweifel schließen den Irrtum nie aus ("wer zweifelt, irrt").
		Zur Vertiefung: *Hillenkamp*, Probleme BT, 29. Problem
9	Schließen sich Verfügung und Wegnahme aus?	— **e.M.:** Nein, Betrug (§ 263) und Diebstahl (§ 242) können gleichzeitig (§ 52) verwirklicht werden (z.B. Trickdiebstahl).
		(dagg.) Verfügung ("Weggabe") ist das Gegenteil von Wegnahme.
		— **h.M.:** Ja, Selbst- und Fremdschädigung schließen einander aus (Exklusivitätsdogma).
		Zur Vertiefung: *Beulke*, KK III, Rn. 249 (57. Problem)
10	Ist beim Betrug ein Verfügungsbewusstsein erforderlich?	— **e.M.:** Nein, davon steht nichts im Gesetz.
		(dagg.) Charakter des Betrugs als Selbstschädigungsdelikt
		— **h.M.:** Ja, beim Sachbetrug, aber nicht beim Forderungsbetrug (weil dort ein Diebstahl nicht in Frage kommt).
		Zur Vertiefung: *Fahl*, JuS 2004, 885 ff.; *Wessels/Hillenkamp*, Rn. 518
11	Begeht Diebstahl oder Betrug, wer im Supermarkt Sachen an der Kassiererin vorbeischleust (sog. Kassenschmuggel)?	— **e.M.:** Die Kassiererin "verfügt" durch Passierenlassen des Kassenbereichs, also Betrug (§ 263).
		(dagg.) Es fehlt das Verfügungsbewusstsein (s.o. Rn. 9).
		— **a.M.:** Es kommt darauf an, ob die Sachen im Einkaufswagen (oder in Kaufgegenständen) verborgen werden (dann Diebstahl) oder ob der Packungsinhalt ausge-

	tauscht wird (dann „Verfügungsbewusst-sein" und somit Betrug). **(dagg.)** Einheitliche Anwendbarkeit von § 252 im Falle nachträglicher Gewalt zur Besitzerhaltung. — **h.M.:** Diebstahl (§ 242); die Kassiererin „verfügt" nur über die eingetippten (ge-scannten) Sachen, ein genereller Verfü-gungswille („alle Gegenstände im Wagen") wäre reine Fiktion. **Zur Vertiefung:** *Fahl*, JA 1996, 40 ff.; *Kudlich*, BT 1, PdW, Nr. 114 f.; *Rengier*, BT 1, § 13 Rn. 86; *Wessels/Hillenkamp*, Rn. 639	
Unter welchen Voraus-setzungen dürfen der Verfügende und der Ge-schädigte personenver-schieden sein (sog. Drei-ecksbetrug)? 	— **e.M.** („faktische Nähetheorie"): Es genügt, dass der Verfügende/Getäuschte eine tat-sächliche Einwirkungsmöglichkeit auf die Sache hat. **(dagg.)** Danach ist die Abgrenzung zum Diebstahl in mittelbarer Täterschaft nicht möglich. — **a.M.** („Befugnis- oder Ermächtigungstheo-rie"): Der verfügende Dritte muss vom Geschädigten ermächtigt worden sein bzw. (wenigstens subjektiv) eine Befugnis ha-ben zu verfügen. **(dagg.)** Die Orientierung am Zivilrecht wird dem rein wirtschaftlichen Vermögens- und Verfügungsbegriff nicht gerecht. — **h.M.** („Lagertheorie"): Es reicht, dass der Dritte im Lager des Geschädigten steht. **Zur Vertiefung:** *Hillenkamp*, Probleme BT, 30. Problem; *Joecks*, § 263 Rn. 61 ff.	**12**
Gelten die besonderen Voraussetzungen für den Betrug beim Aus-einanderfallen von Ver-fügendem und Geschä-digtem auch für den Forderungsbetrug?	— **e.M.:** Ja, auch für den Forderungsbetrug (die Anforderungen an das besondere Nä-heverhältnis sind in sachgerechter Weise anzupassen). **(dagg.)** Beim Forderungsbetrug ist aber ei-ne Angrenzung zum Diebstahl nicht nötig (deshalb bedarf es dort auch keines Verfü-gungsbewusstseins, s.o. Rn. 9).	**13**

		– **h.M.:** Nein, nur für den Sachbetrug.
		Zur Vertiefung: *Joecks*, § 263 Rn. 64 ff.; *Wessels/ Hillenkamp*, Rn. 653
14	Ist ein „Prozessbetrug" mit dem Richter als gutgläubigem Werkzeug denkbar?	– **e.M.:** Nein, der Richter ist niemals „Werkzeug", sondern entscheidet unabhängig und eigenverantwortlich, was jede Zurechnung ausschließt.
		(dagg.) Freiheitsberaubung in mittelbarer Täterschaft (§§ 239 I Alt. 1, 25 I Alt. 2) mit dem Richter als gutgläubigem Werkzeug wird auch für möglich gehalten.
		– **a.M.:** Ein Prozessbetrug mit dem Richter als verfügendem Dritten scheidet aus, weil der Richter nicht „im Lager" einer Partei steht.
		(dagg.) Es handelt sich dabei (notwendig) um einen Forderungsbetrug, bei dem es auf die Abgrenzungstheorien nicht ankommt (s.o. Rn. 12).
		– **h.M.:** Ja, ohne dass es auf die „Befugnis" (bzw. „Nähe") ankommt.
		Zur Vertiefung: *Beulke*, KK III, Rn. 258 (59. Problem); *Fahl*, Jura 1996, 74 ff.
15	Irrt der Richter, der auf ein unwahres Parteivorbringen hin (bei einem „non liquet") nach Beweislastregeln entscheidet?	– **e.M.:** Nein, er braucht sich gerade keine Gedanken über die Wahrheit oder Unwahrheit des Behaupteten zu machen.
		(dagg.) Wahrheitspflicht im Zivilprozess (§ 138 ZPO)
		– **a.M.:** Ja, sachgedankliches Mitbewusstsein – selbst Zweifel würden den Irrtum nicht ausschließen (s.o. Rn. 6).
		Zur Vertiefung: *Fahl*, Jura 1996, 74 ff.; *LPK/ Kindhäuser*, § 263 Rn. 104
16	Irrt der Richter (bzw. Rechtspfleger), der beim Versäumnisurteil gem. § 331 ZPO (oder im Mahnverfahren gem.	– **e.M.:** Nein, weil der Richter bzw. Rechtspfleger (§ 20 Nr. 1 RPflG) sich keine Vorstellungen zu machen braucht (vgl. § 692 I Nr. 2 ZPO), liegt schon gar keine „Täuschung" vor.

§§ 688 ff. ZPO) entscheidet?	**(dagg.)** „Sachgedankliches Mitbewusstsein" – im Übrigen ist (zivilrechtlich) umstritten, ob nicht im Mahnverfahren zumindest in Ausnahmefällen („Missbrauch") auch ein „materielles" Prüfungsrecht und damit auch eine Vorstellung besteht.
	– **a.M.:** Ja (zum „automatisierten Mahnverfahren" s.u. § 263a Rn. 5).
	Zur Vertiefung: *Fahl*, Jura 1996, 74 ff.; LPK/*Kindhäuser*, § 263 Rn. 105
Wie ist der Begriff „Vermögen" in den §§ 263 ff. zu verstehen?	**e.M.** („juristischer Vermögensbegriff"): Vermögen ist die Summe aller subjektiven Rechte (Ansprüche). **17**
	(dagg.) Der Begriff ist zu weit, soweit er auch wirtschaftlich wertlose Ansprüche erfasst und zu eng, weil er z.B. nicht den guten Ruf, das „know how" und den „good will" erfasst.
	– **a.M.** („wirtschaftlicher Vermögensbegriff"): Vermögen sind sämtliche geldwerte Positionen, inkl. Exspektanzen, Anwartschaften, Arbeitskraft etc.
	(dagg.) Einheit der Rechtsordnung
	– **h.M.** („juristisch-ökonomischer Vermögensbegriff"): Vermögen ist die Gesamtheit aller rechtlich anerkannten Positionen – unter Ausschluss solcher, die rechtlich keinen Schutz genießen, z.B. sittenwidrig (§ 138 BGB) sind.
	Zur Vertiefung: *Hillenkamp*, Probleme BT, 31. Problem; LPK/*Kindhäuser*, § 263 Rn. 113 ff.
Greift § 263 ein, wenn bei einem illegalen Geschäft betrogen wird (Backpulver als Kokain verkauft wird)?	– **e.M.:** Nein, es fehlt schon an einer Täuschung (bzw. an der Vermögensverfügung); das Recht kann nicht bei Strafe ein Geschäft verbieten und zugleich verbieten, dabei zu lügen. **18**
	(dagg.) Bei der Vermögensverfügung wird nur gefragt, ob aus dem Vermögen etwas

abgeflossen ist; jede unwahre Tatsachen-behauptung ist eine Täuschung.

– **a.M.:** Nein, es fehlt am Schaden, weil der Käufer aus dem Kaufvertrag keinen Anspruch (§ 134 BGB) auf Lieferung erhalten hat (umgekehrt wäre der Verkäufer, der mit Falschgeld bezahlt würde, auch nicht geschädigt).

(dagg.) Verhindern eines rechtsfreien Raumes (im Ganovenmilieu).

– **a.M.:** Ja, „gutes Geld für schlechte Ware".

Zur Vertiefung: LPK/*Kindhäuser*, § 263 Rn. 205; *Wessels/Hillenkamp*, Rn. 564 ff.

19	Ist derjenige geschädigt, der täuschungsbedingt eine Naturalobligation (z.B. Spiel- und Wettschulden gem. § 762 BGB) erfüllt?	– **e.M.:** Nein, weder gehören „Naturalobligationen" zum Vermögen, noch kann ihre Erfüllung einen Vermögensschaden bedeuten. **(dagg.)** Auch solche Forderungen dürfen weder mit Gewalt (§ 240) noch mit Täuschung durchgesetzt werden. – **a.M.:** Ja, umgekehrt haben auch „Ehrenschulden" (bei Leistungsbereitschaft des Schuldners) einen Marktwert. **Zur Vertiefung:** LPK/*Kindhäuser*, § 263 Rn. 128
20	Ist der Verlust des (unberechtigten) Besitzes gem. §§ 854 ff. BGB ein Vermögensschaden?	– **e.M.:** Ja, jeglicher (berechtigte oder unberechtigte) Besitz ist geschützt, soweit er nach der Verkehrsauffassung einen Marktwert hat („wirtschaftlichen Vermögensbegriff"). **(dagg.)** Einheit der Rechtsordnung (s.o. Rn. 16). – **a.M.:** Der unberechtigte Besitz ist nicht gegenüber dem Berechtigten, wohl aber gegenüber unberechtigten Dritten geschützt (evtl. „juristisch-ökonomischer Vermögensbegriff"). **(arg.)** Das ergibt sich aus den zivilrechtlichen Besitzschutzvorschriften (§§ 858 f. BGB).

	(dagg.) Die §§ 858 f. BGB dienen nicht dem Vermögensschutz, sondern dem Rechtsfrieden (bis zur Klärung der Vermögenslage).
	– **a.M.**: Nur der berechtigte (unmittelbare wie mittelbare) Besitz ist geschützt (streng „juristischer Vermögensbegriff").
	Zur Vertiefung: LPK/*Kindhäuser*, § 263 Rn. 130
Liegt ein Vermögensschaden vor, wenn der Staat um eine Strafe oder Bußgeld geprellt wird (z.B. durch manipulierten Parkschein, Strafzettel etc.)?	– **e.M.**: Ja, Fiskalinteressen des Staates zählen zum von § 263 geschützten Vermögen. **21**
	(dagg.) Andere Zwecksetzung von Strafen und Bußen (besonderer Schutz durch § 258)
	– **h.M.**: Nein, staatliche Straf- und Bußgeldansprüche sind nicht vermögensrechtlicher Natur.
	Zur Vertiefung: LPK/*Kindhäuser*, § 263 Rn. 132
Hat der über die Eigentumsverhältnisse getäuschte Käufer trotz gutgläubigen Erwerbs (§§ 932 ff. BGB) einen Vermögensschaden?	– **e.M.**: Nein, gutgläubig erworbenes Eigentum ist vollwertiges Eigentum (juristischer Vermögensbegriff). **22**
	(dagg.) Das Eigentum ist aber mit einem Makel behaftet.
	– **a.M.**: Ja, wegen des „sittlichen Makels" (sog. Makeltheorie) bzw. („modifizierte Makeltheorie") wegen des Prozessrisikos.
	(dagg.) Prozessrisiko ist allgemeines Lebensrisiko.
	– **a.M.**: Nein, kein Vermögensschaden.
	Zur Vertiefung: *Beulke*, KK III, Rn. 252 (58. Problem); *Hillenkamp*, Probleme BT, 32. Problem
Wann ist ein Schaden trotz wirtschaftlicher Gleichwertigkeit (bei Austauschverträgen) anzunehmen?	– **e.M.** (Lehre vom „dynamischen" Vermögensbegriff): Vermögen ist nicht statisch, ein Schaden besteht daher nicht nur im „Ärmer-Werden", sondern auch im „Nicht-Reicher-Werden". **23**

(dagg.) Das geht zu weit.

– **a.M.** (Lehre vom „personalen" Vermögens- bzw. Schadensbegriff): Ob ein Schaden besteht, richtet sich stets nach der Brauchbarkeit für das jeweilige Individuum und nicht nach dem wirtschaftlichen Wert.

(dagg.) wirtschaftlicher Vermögensbegriff (s.o. Rn. 16)

– **h.M.** (Lehre vom objektiven Schadensbegriff mit „subjektivem" oder „individuellem" Einschlag): Trotz wirtschaftlicher Gleichwertigkeit besteht ein Schaden (1) bei Untauglichkeit zum vertraglich vorausgesetzten Zweck oder (2) wenn der Getäuschte durch die eingegangene Verpflichtung zu vermögensschädigenden Maßnahmen gezwungen wird oder (3) wenn der Verfügende infolge der Verpflichtung nicht mehr über die nötigen Mittel zur ordnungsgemäßen Erfüllung von Verbindlichkeiten und/oder angemessenen Lebensführung verfügt („Melkmaschinenfall").

Zur Vertiefung: *Beulke,* KK III, Rn. 220 (50. Problem); *Fahl,* JA 1995, 198 ff.

24 | Kann ein Schaden auch dann bejaht werden, wenn der über den Verwendungszweck getäuschte Verfügende weiß, dass er keine Gegenleistung bekommt (sog. Spenden-, Bettel- oder Subventionsbetrug)?

– **e.M.** (wirtschaftlich-ökonomischer Vermögensbegriff): Nein, wer weiß, dass er nichts bekommt („verlorene Zuschüsse"), schädigt sich selbst.

(dagg.) Dass dem Opfer der vermögensmindernde Charakter verborgen bleibt, ist nicht erforderlich.

– **h.M.** (Lehre von der „sozialen" Zweckverfehlung): Ja, der Schaden liegt darin, dass der öffentliche (Subventionen) bzw. soziale (Spenden) Zweck verfehlt wird.

Zur Vertiefung: *Joecks,* § 263 Rn. 99 ff.; *Wessels/Hillenkamp,* Rn. 553

Kann ein Schaden auch bei wirtschaftlich ausgeglichenen Austauschverträgen in einer (sozialen) Zweckverfehlung liegen?	— **e.M.:** Ja, Abonnement einer Zeitung zur Unterstützung Strafgefangener etc. **(dagg.)** Bei Austauschverträgen stehen sich Leistung und Gegenleistung gegenüber. — **h.M.:** Nein, die Grundsätze der sozialen Zweckverfehlung sind auf Austauschverträge nicht übertragbar. **Zur Vertiefung:** *Beulke*, KK III, Rn. 222 (51. Problem); *Wessels/Hillenkamp*, Rn. 562	**25**
Liegt ein Schaden vor, wenn der Verkäufer, der (ohne kriminelle Absicht) einen Kaufvertrag über (hochwertige) Wollhosen geschlossen hat, (minderwertige) Zellwollhosen liefert, die jedoch den dafür gezahlten Preis wert sind (sog. Erfüllungsbetrug)?	— **e.M.:** Nein – bei wirtschaftlicher Ausgeglichenheit kann sich ein Schaden allenfalls noch aufgrund des subjektiven Einschlags (z.B. Untauglichkeit zu einem vertraglich vorausgesetzten Zweck) ergeben. **(dagg.)** Der Käufer hatte aber Anspruch auf die höherwertige Ware. — **h.M.:** Ja, der Schaden ergibt sich aus der Differenz des Wertes von Wolle (Anspruch) zu Zellwolle (Erfüllung). **Zur Vertiefung:** *Otto*, BT, § 51 Rn. 122 ff.; *Rengier*, BT 1, § 13 Rn. 168 ff.	**26**
Besteht ein Schaden in dem Fall, dass der Verkäufer bei einem Vertrag über (hochwertige) Wollhosen von Anfang an vorhatte, mit (minderwertigen) Zellwollhosen, die ihr Geld wert sind, zu erfüllen (sog. unechter Erfüllungsbetrug)?	— **e.M.:** Ja, es handelt sich um einen Erfüllungsbetrug (unter der konkludenten Täuschung, der Gegenstand sei der geschuldete), der Schaden besteht in der Erfüllung mit minderwertiger Ware (s.o. Rn. 25). **(arg.)** Der Erfüllungsschaden kann nicht deshalb entfallen, weil der Täter bereits im Rahmen des Verpflichtungsgeschäfts getäuscht hat. **(dagg.)** Behauptet ein Verkäufer auf dem Markt wahrheitswidrig, Hosen aus reiner Wolle zu verkaufen (ausdrückliche Täuschung), so liegt ein Eingehungsbetrug vor. Das kann nicht anders sein, nur weil die Hosen dem Käufer bei Vertragsschluss nicht vorliegen. — **h.M.:** Nein, es handelt sich in Wahrheit um einen Eingehungsbetrug, bei dem der Scha-	**27**

den nicht in der Erfüllung, sondern schon im Abschluss des Vertrages liegt – bei wirtschaftlicher Ausgeglichenheit kann er sich allenfalls noch aufgrund des subjektiven Einschlags (z.B. Untauglichkeit zu einem vertraglich vorausgesetzten Zweck) ergeben.

Zur Vertiefung: LPK/*Kindhäuser*, § 263 Rn. 199 ff.; *Wessels/Hillenkamp*, Rn. 542

28	Liegt ein Vermögensschaden vor, wenn Bewerber bei Ausschreibungen infolge von geheimen Preisabsprachen einen echten Wettbewerb vermeiden (sog. Ausschreibungs- oder Submissionsbetrug)?	– **e.M.:** Nein, da ein „Marktpreis" für solche Leistungen nicht besteht, sondern durch das Ausschreibungsverfahren erst zustande kommt (es greift nur § 298 ein). **(dagg.)** Der Schaden besteht in der Differenz zwischen der vereinbarten und derjenigen Summe, die ohne die Preisabsprache zustande gekommen wäre. – **h.M.:** Ja, ähnlich beim künstlichen Hochtreiben des Preises bei Internetauktionen durch Strohleute, z.B. bei eBay. **Zur Vertiefung:** *Kudlich*, BT 1, PdW, Nr. 224; LPK/*Kindhäuser*, § 263 Rn. 196; Schönke/Schröder/*Cramer/Perron*, § 263 Rn. 137a
29	Liegt ein Schaden des Arbeitgebers auch dann vor, wenn der Arbeitnehmer zwar seine Anstellung erschwindelt hat, den Anforderungen des Jobs ansonsten aber gerecht wird (sog. Anstellungsbetrug)?	– **e.M.:** Nein, der Arbeitgeber bekommt ja die Leistung, für die er bezahlt. **(dagg.)** Er hat aber täuschungsbedingt zuviel gezahlt (für die Arbeit eines Nicht-Abiturienten, eines Ungelernten etc.). – **a.M.:** Ja, wirtschaftlich betrachtet ist das ein Schaden, weil er mit dem Geld etwas Besseres hätte anfangen können (dynamischer Vermögensbegriff). **(dagg.)** Das ginge zu weit (s.o. Rn. 22). – **h.M.** differenziert: Wo es auf bestimmte Fertigkeiten ankommt, zählt nur, ob das Arbeitsergebnis Anlass zu Beanstandungen gibt; wo die Besoldung hingegen nicht von der Leistung, sondern von dem Vorliegen anderer Umstände (z.B. Dienstalter,

	Familienstand etc. bei Beamten) ankommt, ist ein Schaden zu bejahen. **Zur Vertiefung:** *Fahl*, Jura 2008, 453 ff.	
Ist auch eine „schadensgleiche" Vermögensgefährdung schon ein Schaden?	– **e.M.:** Nein, der Schaden ist dann gerade (noch) nicht eingetreten. **(arg.)** Bestimmtheitsgebot (Art. 103 II GG); Vorverlagerung des Betrugstatbestandes weit in das Vorfeld der Schädigung **(dagg.)** Der Richter kann z.B. nicht abwarten, ob in der Zukunft die Kurse wieder steigen, sondern muss den status-quo bewerten, darum ist ein Minderwert ein (aktueller) Schaden. – **h.M.:** Ja, wenn der Eintritt einer endgültigen Vermögenseinbuße nahe liegt bzw. hinreichend wahrscheinlich ist (konkrete Vermögensgefährdung). **Zur Vertiefung:** *Lackner/Kühl*, § 263 Rn. 40	30
Schließt die Bereitschaft zur sofortigen Stornierung aus Kulanz den Schaden aus?	– **e.M.:** Ja, wenn die Stornierungsbereitschaft hinreichend nachgewiesen ist, besteht keine konkrete Vermögensgefährdung. **(dagg.)** Die Schadenswiedergutmachung (reparatio damni) schließt den Schaden nicht aus, sondern setzt ihn voraus. – **a.M.:** Nein, da deren Erkennbarkeit (und möglicherweise die Stornierungsbereitschaft selbst) vom Zufall abhängig ist. **Zur Vertiefung:** *Schmidt/Priebe*, BT 2, Rn. 621	31
Schließen die (gesetzlich oder vertraglich bestehenden) Anfechtungs-, Rücktritts-, Widerrufs- und Rückgaberechte (§§ 123, 312, 312d, 346 ff., 355, 356 BGB) die Annahme eines Schaden aus?	– **e.M.:** Ja, das Bestehen solcher Rechte schließt den Eintritt einer konkreten Vermögensgefährdung hinreichend sicher aus. **(dagg.)** Es ist unsicher, ob diese Möglichkeiten Erfolg haben werden. – **a.M.:** Nein, es handelt sich um Möglichkeiten nachträglicher Schadensreparation, die den Schaden nicht ausschließen, sondern voraussetzen.	32

		(dagg.) Mit der Einführung mancher Vorschriften wollte der Gesetzgeber gerade eine konkrete Vermögensgefährdung verhindern.
		– **a.M.** differenziert: Anfechtungs-, Rücktritts-, Widerrufs- und Rückgaberechte nach Leistungserbringung schließen den Schaden niemals aus; vertragliche oder gesetzliche Möglichkeiten, die eine Überlegungs- oder Entscheidungsfrist vor Leistungserbringung gewähren, stehen dagegen ihrer ratio nach der Annahme eines Schaden entgegen. **Zur Vertiefung:** *Schmidt/Priebe*, BT 2, Rn. 622; Schönke/Schröder/*Cramer/Perron*, § 263 Rn. 131
33	Begeht derjenige einen Betrug, dem der erschlichene Vorteil materiell zusteht, der z.B. eine Quittung fälscht, um damit die bereits erfolgte Rückgabe zu belegen (sog. Selbsthilfebetrug)?	– **e.M.:** Nach dem juristisch-ökonomischen Vermögensbegriff fehlt es bereits am Schaden, da der Getäuschte nichts verloren hat, das ihm zustand. **(dagg.)** Auch rechtlich begründete Exspektanzen (z.B. einen Schadensersatzprozess zu gewinnen) gehören zum Vermögen. – **a.M.:** Nach dem wirtschaftlichen Vermögensbegriff fehlt es an der Absicht „rechtswidriger" Bereicherung (da der beabsichtigte Vorteil materiell mit dem Recht im Einklang steht). **Zur Vertiefung:** *Wessels/Hillenkamp*, Rn. 586
34	Begeht bei verbotenen Geschäften derjenige einen straflosen Selbsthilfebetrug, der sich durch Täuschung das seinerseits Geleistete (Geld, Rauschgift) zurückholt?	– **e.M.** differenziert: Die Wiederbeschaffung des Rauschgiftes läuft mangels Anspruchs auf Rückgabe auf eine rechtswidrige Bereicherung hinaus; wer nur das geleistete Geld zurückerlangen will, strebt keine rechtswidrige Bereicherung an. **(dagg.)** Wirtschaftlich kommt beides auf dasselbe hinaus und rechtlich auch (§ 817 S. 2 BGB). – **a.M.:** Nein, es besteht gerade kein fälliger, einredefreier Anspruch auf Rückübertragung. **Zur Vertiefung:** LPK/*Kindhäuser*, § 263 Rn. 219

Liegt „Absicht" i.S.d. § 263 vor, wenn der Täter den Erfolg nur als notwendiges Zwischenziel will?	**– e.M.:** Nein, bei Absicht muss es dem Täter gerade darauf ankommen, den Erfolg herbeizuführen, Wissentlichkeit reicht nicht. **35** **(dagg.)** Absicht ist bei § 263 „untechnisch" zu verstehen. **– a.M.:** Ja, solange die Nebenfolge als sicher vorausgesehen wurde. **(dagg.)** Das wird der strafbarkeitseinschränkenden Funktion des Merkmals nicht gerecht. **– h.M.** differenziert: Es kommt darauf an, ob dem Täter die Nebenfolge „erwünscht" oder eher „unerwünscht" ist. **Zur Vertiefung:** *Fahl*, JA 1997, 110 ff.
Muss die Rechtswidrigkeit der Bereicherung beabsichtigt sein?	**– e.M.:** Ja, so sagt es der Wortlaut. **36** **(dagg.)** Absicht ist „untechnisch" zu verstehen (s.o. Rn. 34). **– a.M.:** Nein, auch diesbezüglich reicht Vorsatz (zum Irrtum s.o. § 242 Rn. 27). **Zur Vertiefung:** LPK/*Kindhäuser*, § 263 Rn. 220
Setzt der Betrug nach § 263 voraus, dass der Vorteil des Täters „stoffgleich" ist mit dem Nachteil (Schaden) des Opfers?	**– e.M.:** Nein, davon steht nichts im Gesetz. **37** **(dagg.)** Wahrung des Charakters des Betrugs als „Vermögensverschiebungsdelikt" (Ausschluss der Belohnung durch Dritte in Provisionsvertreterfällen) **– a.M.:** Ja (allerdings kann im Falle des „subjektiven Schadenseinschlags" nicht gefordert werden, dass der Verlust an Lebensqualität mit einem kehrseitigen Gewinn an Lebensqualität einhergeht). **Zur Vertiefung:** *Fahl*, JA 1995, 198, 204 f.; *Joecks*, § 263 Rn. 117
Schließen sich der (fremdnützige) Betrug zugunsten des Dienstherrn und der (eigennützige) Betrug zulasten	**– e.M.:** Ja, man kann nicht für jemanden zugleich einen Vorteil und einen Nachteil beabsichtigen. **38** **(dagg.)** Das sind zwei unterschiedliche Betrügereien.

	des Dienstherrn (zur Erlangung einer Provision) aus (Provisionsvertreterfall)?	– **h.M.:** Nein, allenfalls kann fraglich sein, ob Tateinheit besteht (§ 52). **Zur Vertiefung:** *Fahl,* JA 1995, 198, 205; LPK/*Kindhäuser,* § 263 Rn. 216
39	Kann ein Betrug durch Unterlassen (§ 13) begangen werden?	– **e.M.:** Nein, das ist schon wegen der nötigen Absicht nicht möglich; zu prüfen bleibt aber eine „Vorspiegelung falscher oder Entstellung oder Unterdrückung wahrer Tatsachen". **(dagg.)** Vorspiegelung, Entstellung und Unterdrückung können sowohl aktiv wie auch passiv – durch Unterlassen – erfolgen; § 263 ist kein echtes Unterlassungsdelikt; § 13 darf nicht umgangen werden. – **a.M.:** Ja, sofern eine „Aufklärungspflicht" besteht (häufig liegt dann aber auch schon eine konkludente Täuschung vor, z.B. hinsichtlich sog. Negativ-Tatsachen, die beim Vertragsschluss „unausgesprochener Kommunikationsinhalt" werden und die Erwartungen der Beteiligten mitbestimmen). **Zur Vertiefung:** *Wessels/Hillenkamp,* Rn. 503
40	Liegt Diebstahl oder Betrug vor, wenn der Täter das Opfer so verwirrt, dass dieses vergisst, dass es den Kaufpreis noch gar nicht erhalten hat, als es das Wechselgeld auszahlt, so dass der Täter beides vom Wechselgeldteller nehmen kann (sog. Wechselgeldfalle)?	– **e.M.:** Betrug (§ 263) durch „Unterdrückung wahrer Tatsachen". **(dagg.)** Passives Geschehenlassen reicht dafür aber nicht und bei zuviel ausgezahltem Wechselgeld besteht i.d.R. auch keine Aufklärungspflicht aus Treu und Glauben. – **a.M.:** Diebstahl (§ 242), der Wechselgeldteller gehört zu der Gewahrsamssphäre desjenigen, dem das Geld jeweils zusteht. **Zur Vertiefung:** *Fahl,* JA 1996, 40 ff.; *Wessels/Hillenkamp,* Rn. 630
41	Begeht derjenige, der die Kasse eines Kaufhauses mit dem Diebesgut passiert, einen sog. Sicherungsbetrug?	– **e.M.:** Nein, dem steht schon die Exklusivität von Diebstahl und Betrug entgegen (s.o. Rn. 8); es entsteht dadurch kein selbständiger Vermögensschaden mehr.

	(dagg.) Der vorhandene Schaden wird aber „vertieft".
	– **h.M.:** Ja, der Betrug (der Täter erklärt keine oder keine anderen als die vorgezeigten Waren zu haben, die schädigende Vermögensverfügung liegt im täuschungsbedingten Unterlassen der Geltendmachung des Herausgabeanspruchs) tritt als „mitbestrafte Nachtat" hinter den Diebstahl zurück.
	Zur Vertiefung: *Rengier*, BT 1, § 13 Rn. 272; *Wessels/Hillenkamp*, Rn. 599
Ist unter „Vermögensverlust" in § 263 III Nr. 2 dasselbe zu verstehen wie unter „Vermögensschaden" i.S.d. § 263 I?	– **e.M.:** Ja, das ist nur konsequent (inkl. „schadensgleicher Gefährdungen" etc.). 42
	(dagg.) unterschiedlicher Wortlaut
	– **a.M.:** Nein, hier ist nur der endgültige Vermögensverlust (ohne „Gefährdungen") gemeint – allerdings ist die genaue Höhe des „großen Ausmaßes" (Millionenschäden?) streitig und das Merkmal möglicherweise zu unbestimmt gem. Art. 103 II GG (wie bei § 370a AO).
	Zur Vertiefung: *Joecks*, § 263 Rn. 126; LPK/ *Kindhäuser*, § 263 Rn. 228
Wie viele sind „eine große Zahl" i.S.d. § 263 III Nr. 2 (bzw. § 306b I oder bei § 267 III Nr. 3)?	– **e.M.:** Mindestens zehn. 43
	(dagg.) Das ist zu wenig.
	– **a.M.:** Mindestens 50 (und mehr).
	(dagg.) Das ist zu viel.
	– **a.M.:** 20 (juristische „Personen" zählen nicht)
	Zur Vertiefung: *Fischer*, § 263 Rn. 218; *Joecks*, § 263 Rn. 127; LPK/*Kindhäuser*, § 263 Rn. 229

§ 263a Computerbetrug

1 | **Aufbauschema: § 263a I**

I. Tatbestand
1. Objektiver Tatbestand
   a) Tathandlung
      aa) Var. 1: Unrichtige Gestaltung des Programms ⇨ *Rn. 4, 21*
      bb) Var. 2: Verwendung unrichtiger oder unvollständiger Daten
          ⇨ *Rn. 5 f., 8 f., 21*
      cc) Var. 3: Unbefugte Verwendung von Daten ⇨ *Rn. 8, 10 ff.*
      dd) Var. 4: Sonstige unbefugte Einwirkung auf den Ablauf ⇨ *Rn. 22*
   b) Beeinflussung des Ergebnisses eines Datenverarbeitungsvorgangs
      ⇨ *Rn. 3*
   c) Vermögensschaden
   d) Kausalität (zwischen allen diesen) ⇨ *Rn. 7*
2. Subjektiver Tatbestand
   a) Vorsatz
   b) Bereicherungsabsicht
      aa) Stoffgleichheit
      bb) Rechtswidrigkeit der beabsichtigten Bereicherung

II. Rechtswidrigkeit
III. Schuld
IV. Strafverfolgungsvoraussetzung
Strafantrag, § 263a II i.V.m. § 263 IV i.V.m. §§ 247, 248a
V. Strafzumessung
Besonders schwere Fälle, § 263a II i.V.m. § 263 III (Regelbeispiele mit
Geringwertigkeitsklausel § 263a II i.V.m. § 263 IV und § 243 II)

Beachte: Qualifikation, § 263a II i.V.m. § 263 V

2 | **Aufbauschema: § 263a III**

I. Tatbestand
1. Objektiver Tatbestand
   a) Tatobjekt: Computerprogramm zum Zwecke der Begehung einer
      Straftat gem. § 263a I
   b) Tathandlung: Vorbereitung durch Herstellen, Sichverschaffen,
      Feilhalten, Verwahren oder Überlassen
2. Subjektiver Tatbestand
   a) Vorsatz
   b) Tatentschluss bzgl. Begehung von § 263a

II. Rechtswidrigkeit
III. Schuld

Setzt die „Ergebnisbeeinflussung" voraus, dass sich der Datenverarbeitungsvorgang bereits in Gang befunden hat?	– **e.M.:** Ja, Wortlaut. **3** **(dagg.)** Es kann keinen Unterschied machen, ob etwa ein Geldautomat „online" oder „offline" ist. – **a.M.:** Nein, auch ein Ingangsetzen reicht. **Zur Vertiefung:** *Beulke*, KK III, Rn. 375 (81. Problem); LPK/*Kindhäuser*, § 263a Rn. 41
Wann ist ein Programm „unrichtig" i.S.d. § 263a I Var. 1 (sog. Programmmanipulation)?	– **e.M.** (subjektive Theorie): Wenn es dem **4** Willen des Verfügungsberechtigten widerspricht. **(dagg.)** Wann eine Aussage „falsch" ist, wird ebenfalls objektiv bestimmt (s. § 153 Rn. 2). – **h.M.** (objektive Theorie): Unrichtig ist die Gestaltung des Programms, wenn sie zu Ergebnissen führt, die der materiellen Rechtslage widersprechen. **Zur Vertiefung:** *Joecks*, § 263a Rn. 10; LPK/*Kindhäuser*, § 263a Rn. 12 ff.
Ist die ungerechtfertigte Beantragung eines Mahnbescheids im automatisierten Mahnverfahren (§ 689 I 2 ZPO) „Verwendung unrichtiger oder unvollständiger Daten" i.S.d. § 263a I Var. 2 (sog. Inputmanipulation)?	– **e.M.:** Ja, der Computer wird mit falschen **5** Angaben beschickt. **(dagg.)** § 263 würde aber auch dann nicht vorliegen, wenn statt des Computers ein Mensch gehandelt hätte (vgl. § 692 I Nr. 2 ZPO). – **h.M.:** Nein – anders freilich, wenn man annimmt, dem Rechtspfleger stünde zumindest in Ausnahmefällen („Missbrauch") auch im Mahnverfahren ein materielles Prüfungsrecht zu, weil sich in diesem Fall „sachgedankliches Mitbewusstsein" und damit Betrug kaum verneinen ließe (s.o. § 263 Rn. 6). **Zur Vertiefung:** *Joecks*, § 263a Rn. 15 und 42; LPK/*Kindhäuser*, § 263a Rn. 18 ff.; *Wessels/Hillenkamp*, Rn. 610

6	Ist das Ingangsetzen eines Automaten durch Falschgeld eine sog. Inputmanipulation i.S.d. § 263a I Var. 2?	– **e.M.:** Ja, bei elektronischer und nicht nur mechanischer Prüfung (falscher „Input"). **(dagg.)** Aber keine „Verwendung unrichtiger oder unvollständiger Daten"; Falschgeld ist kein „Datum". – **h.M.:** Nein, obwohl eine Verkäuferin anstelle des Computers getäuscht würde (es kommt aber Diebstahl in Betracht). **Zur Vertiefung:** *Joecks*, § 263a Rn. 14
7	Setzt der Computerbetrug voraus, dass der Vermögensschaden „unmittelbar" herbeigeführt wird?	– **e.M.:** Nein, Wortlaut. **(dagg.)** Parallelität zu § 263 (und § 253). – **a.M.:** Ja (auch hier besteht Anlass, Konstellationen auszuscheiden, in denen dem Täter durch die Computermanipulation der fremdschädigende Zugriff auf das Vermögen lediglich ermöglicht wird, z.B. Alarmanlage). **Zur Vertiefung:** LPK/*Kindhäuser*, § 263a Rn. 42
8	Genügt für die Verwendung i.S.d. § 263a I Var. 2 und 3 jegliche Nutzung von Daten, z.B. Nutzung von geheimem Wissen über den Programmablauf, oder ist eine Eingabe der Daten gerade in den Datenverarbeitungsprozess erforderlich?	– **e.M.** („weite Auslegung"): Jegliche „Verwendung unrichtiger oder unvollständiger Daten" reicht. **(dagg.)** Das geht angesichts der ohnehin schon verfassungsrechtlich bedenklichen Unbestimmtheit der Varianten zu weit. – **h.M.** („enge Auslegung"): Nein, erforderlich ist eine Eingabe der Daten gerade in den Datenverarbeitungsprozess selbst. **Zur Vertiefung:** LPK/*Kindhäuser*, § 263a Rn. 23 f.; *Schmidt/Priebe*, BT 2, Rn. 676
9	Setzt die Datenverwendung in mittelbarer Täterschaft gem. §§ 263a, 25 I Alt. 2 voraus, dass der als Werkzeug verwendete gutgläubige Dritte kein eigenes Prüfungsrecht (bzgl. der Datenweitergabe) hat?	– **e.M.:** Nein, die Prüfungspflicht der Zwischenperson ist irrelevant. **(dagg.)** § 263a soll die Lücke schließen, die sich beim Einsatz der EDV daraus ergibt, dass Computer weder irren können, noch getäuscht werden können. – **a.M.:** Ja, ist ein irrender Mensch zwischengeschaltet, so liegt eine Täuschung i.S.d. § 263 vor, der Vorrang hat. **Zur Vertiefung:** *Joecks*, § 263a Rn. 17; *Lackner/Kühl*, § 263a Rn. 24

Wann ist die Verwendung von Daten „unbefugt" i.S.d. § 263a I Var. 3?	— **e.M.** („subjektivierende Auslegung"): Die Verwendung der Daten muss dem Willen des Berechtigten (bzw. des Betreibers) widersprechen. **10**
	(dagg.) Das ist rein innerlich und äußerlich nicht erkennbar.
	— **a.M.** („computerspezifische Auslegung"): Der der Datenverarbeitung entgegenstehende Wille des Betreibers muss sich im Programm selbst niederschlagen, z.B. durch Abfrage von PIN und TAN.
	(dagg.) § 263a will die Lücke schließen, die dadurch entstanden ist, dass Computer weder irren können, noch getäuscht werden können.
	— **h.M.** („betrugsspezifische Auslegung"): Es ist darauf abzustellen, ob die Verwendung der Daten gegenüber einem Menschen „Täuschung" (über die Berechtigung) und damit Betrug (§ 263) wäre.
	Zur Vertiefung: *Hillenkamp*, Probleme BT, 36. Problem; LPK/*Kindhäuser*, § 263a Rn. 25 ff.; *Wessels/Hillenkamp*, Rn. 613
Verwendet der Täter, der eine fremde EC-Karte nebst PIN rechtswidrig erlangt hat und damit am Bankautomaten Geld abhebt, die Daten unbefugt?	— **e.M.** („subjektivierende Auslegung"): Ja, der Täter handelt gegen den Willen des berechtigten Kontoinhabers. **11**
	(dagg.) Kommt es nicht vielmehr auf den Willen der automatenaufstellenden (oder der Bankcard herausgebenden) Bank an?
	— **a.M.** („computerspezifische Auslegung"): Ja, der der Datenverarbeitung entgegenstehende Wille des Betreibers hat sich im Programm niedergeschlagen (PIN = Persönliche Identifikations-Nummer).
	(dagg.) Damit kann aber die Personenidentität gerade nicht überprüft werden – dazu wären Fingerabdruck oder Augenscan etc. erforderlich.

		– **h.M.** („betrugsspezifische Auslegung"): Ja, ein Mensch anstelle des Automaten müsste „getäuscht" werden (daneben ist § 269 zu prüfen). **Zur Vertiefung:** *Joecks*, § 263a Rn. 22 f.; LPK/*Kindhäuser*, § 263a Rn. 50 ff.
12	Verwendet unbefugt Daten, wer rechtswidrig eine fremde 16-stellige Kreditkartennummer nebst Ablaufdatum erlangt und damit im Internet einkauft?	– **e.M.** („subjektivierende Auslegung"): Ja, dazu waren die Daten nicht bestimmt. **(dagg.)** Es ist nicht einmal klar, auf wessen Willen abzustellen ist, den des Kreditkarteninhabers oder den des Onlinehändlers – wer für den Schaden nicht aufkommen muss, dem kann die Verwendung (im Grunde) egal sein. – **a.M.** („computerspezifische Auslegung"): Nein, denn dafür ist gerade keine PIN erforderlich. **(dagg.)** Es geht darum, Lücken zum Betrug zu schließen. – **h.M.** („betrugsspezifische Auslegung"): Ja, gegenüber einem Menschen wäre das eine konkludente Täuschung (über Berechtigung bzw. Identität). **Zur Vertiefung:** *Laue*, JuS 2002, 359 ff.; *Schmidt/Priebe*, BT 2, Rn. 678
13	Verwendet der durch Überlassung der Karte Berechtigte unbefugt Daten, der mehr abhebt, als er darf („Nicht-so-Berechtigter" bzw. „Nicht-mehr-Berechtigter")?	– **e.M.** („subjektivierende Auslegung"): Ja, die Bank will nicht, dass die Geheimzahl an einen anderen weitergegeben wird. **(dagg.)** Dann würde letztlich der Verstoß gegen die AGB der Bank mit Strafe bedroht. – **a.M.** („computerspezifische Auslegung"): Nein, das Programm fragt nur nach der PIN (nicht nach der Berechtigung etc.). **(dagg.)** Es geht darum, Lücken zum Betrug zu schließen.

	– **h.M.** („betrugsspezifische Auslegung"): Ja, wenn man den Nicht-Berechtigten einem Beauftragten mit beschränkter Vollmacht gleichstellt, dann müsste ein Bankangestellter über die Unbeschränktheit der Vollmacht getäuscht werden (§ 263a läge vor). – Nein, wenn man ihn einem Beauftragten mit unbeschränkter Vollmacht gleich achtet (§ 263a wäre dann nicht gegeben).
	Zur Vertiefung: *Joecks*, § 263a Rn. 25; LPK/ *Kindhäuser*, § 263a Rn. 58 ff.; *Wessels/Hillenkamp*, Rn. 620
Verwendet derjenige unbefugt Daten, der mit kopierten oder gefälschten Codekarten von einem fremden Konto abhebt etc.?	– **e.M.** („subjektivierende Auslegung"): Ja, der Betreiber/Berechtigte will, dass nur „echte" Karten benutzt werden. **14**
	(dagg.) Wer ist „Berechtigter" bzgl. einer gefälschten Karte?
	– **a.M.** („computerspezifische Auslegung"): Danach ist zweifelhaft, ob die Abfrage der PIN auch dem Schutz vor Fälschung dient (zumal die PIN, der Quell-Code usw. ja mit gefälscht werden).
	(dagg.) Es geht darum, Lücken zum Betrug zu schließen.
	– **h.M.** („betrugsspezifische Auslegung"): Ja, wäre der Computer ein Mensch, so wäre er „getäuscht".
	Zur Vertiefung: LPK/*Kindhäuser*, § 263a Rn. 52; *Schmidt/Priebe*, BT 2, Rn. 682
Verwendet der sein Konto (bzw. seine Kreditlinie) überziehende Kontoinhaber „unbefugt" Daten, der am Geldautomaten einer fremden Bank Geld abhebt?	– **e.M.** („subjektivierende Auslegung"): Nein, der Fremdbank kann es egal sein, ob das Konto fremder Kunden überzogen ist, solange sie für den Schaden nicht aufkommen muss. **15**
	(dagg.) Der Betreiberwille ist unklar (Solidarität unter den Banken?).
	– **a.M.** („computerspezifische Auslegung"): Nein, falls es einen entgegenstehenden

	Willen gibt, so hat er sich im Programm jedenfalls nicht niedergeschlagen.
	(dagg.) Sinn und Zweck des § 263a (s.o. Rn. 10).
	– **h.M.** („betrugsspezifische Auslegung"): Nein, der Bankmitarbeiter macht sich keine Gedanken über die Bonität fremder Kunden (die Strafbarkeit kann sich aber aus § 266b ergeben).
	Zur Vertiefung: *Joecks*, § 263a Rn. 26 ff.; LPK/*Kindhäuser*, § 263a Rn. 53 ff.; *Schmidt/ Priebe*, BT 2, Rn. 685b ff.
16 Verwendet der sein Konto (bzw. seine Kreditlinie oder die Toleranzgrenze) überziehende Kontoinhaber „unbefugt" Daten, der am Geldautomaten seiner Bank (Hausbank) Geld abhebt?	– **e.M.** („subjektivierende Auslegung"): Ja, Abhebung widerspricht dem Betreiberwillen.
	(dagg.) Als inneres Faktum ist der Betreiberwille zur Abgrenzung untauglich.
	– **a.M.** („computerspezifische Auslegung"): Nein, der der Kontoüberziehung entgegenstehende Wille hat sich im Programm nicht niedergeschlagen (sonst wäre das Geldabheben nicht möglich).
	(dagg.) Sinn und Zweck des § 263a ist es, die Lücken zu schließen, die sich daraus ergeben, dass Computer nicht irren und daher auch nicht getäuscht werden können.
	– **a.M.** („betrugsspezifische Auslegung"): Ja, der Bankmitarbeiter müsste (über die Bonität) getäuscht werden (mindestens läge „sachgedankliches Mitbewusstsein" vor). – Nein, wenn man auf den Bankangestellten abstellt, der nur das prüft, was auch der Computer prüft; alles andere wäre mehr als nur ein „Lückenschluss" (mangels Drei-Partner-Systems scheidet allerdings auch die Strafbarkeit nach § 266b aus).
	Zur Vertiefung: LPK/*Kindhäuser*, § 263a Rn. 55; *Schmidt/Priebe*, BT 2, Rn. 685a; *Wessels/Hillenkamp*, Rn. 615

| Verwendet der sein Konto (bzw. seine Kreditlinie etc.) überziehende Kontoinhaber „unbefugt" Daten, der die EC-Karte zum bargeldlosen Einkauf im sog. Point-of-Sale-Verfahren benutzt? | – **e.M.** („subjektivierende Auslegung"): Nein, dem Betreiber (Händler) kann es wegen der Garantie egal sein, ob das Konto überzogen ist. **(dagg.)** Der Betreiberwille ist zur Abgrenzung ungeeignet.

 – **a.M.** („computerspezifische Auslegung"): Nein, ein etwa entgegenstehender Wille hat sich im Programm selbst jedenfalls keinen Ausdruck verschafft. **(dagg.)** Sinn und Zweck des § 263a.

 – **h.M.** („betrugsspezifische Auslegung"): Der „Point of Sale" ist wie eine „Fremdbank" – nach den Grundsätzen, die für die Abhebung von Bankomaten gelten (s.o. Rn. 11), scheidet § 263a I Var. 3 also aus, die Strafbarkeit kann sich nur aus § 266b ergeben.

 Zur Vertiefung: *Schmidt/Priebe*, BT 2, Rn. 689 | **17** |
| Verwendet der Täter unbefugt Daten, der eine fremde EC-Karte nebst PIN rechtswidrig erlangt hat und damit im sog. Point-of-Sale-Verfahren bargeldlos einkauft? | – **e.M.** („subjektivierende Auslegung"): Ja, der Täter handelt gegen den Willen des berechtigten Kontoinhabers (bzw. der kartenausgebenden Bank). **(dagg.)** Es ist nicht einmal klar, auf wessen Willen abzustellen ist: Dem Händler (Betreiber) kann die Verwendung egal sein, sofern er für den Schaden nicht aufkommen muss.

 – **a.M.** („computerspezifische Auslegung"): Ja, darum wird im POS-Verfahren (anders als im POZ- oder elektronischen Lastschriftverfahren) die PIN abgefragt. **(dagg.)** Damit kann die Übereinstimmung der Personen allerdings gerade nicht geprüft werden (so wie auch bei der Automatenabhebung).

 – **h.M.** („betrugsspezifische Auslegung"): Ja, wenn man sich anstelle des Lesegeräts einen Bankmitarbeiter denkt, der über die Personenidentität getäuscht werden müsste. | **18** |

		–Nein, wenn man sich anstelle der Maschine den Händler denkt, dem die Verwendung wegen der Garantie egal sein kann. **Zur Vertiefung:** *Eisele*, BT 2, Rn. 681; *Schmidt/Priebe*, BT 2, Rn. 690.
19	Verwendet derjenige „unbefugt" Daten, der rechtswidrig eine fremde Geldkarte mit Speicherchip erlangt hat und damit bargeldlos (durch Abbuchung des Guthabens vom Chip) einkauft?	– **e.M.** („subjektivierende Auslegung"): Nein, dem Betreiber (Händler) kann es egal sein, wer das Guthaben aufgeladen hat. **(dagg.)** Der Betreiberwille ist kein geeignetes Kriterium (s.o. Rn. 18). – **a.M.** („computerspezifische Auslegung"): Nein, die Abbuchung erfolgt ohne Einsatz der PIN; falls es einen entgegenstehenden Willen gibt, so hat er jedenfalls im Programm keinen Ausdruck gefunden. **(dagg.)** Sinn und Zweck des § 263a. – **h.M.** („betrugsspezifische Auslegung"): Ja, wenn man (einem Menschen anstelle der Maschine) das „sachgedankliche Mitbewusstsein" unterstellt, alles sei „in Ordnung". – Nein, wenn man darauf abstellt, dass das elektronische Geld wie Bargeld ist (auch bei Bargeld ist eine Täuschung über die Herkunft unnötig). **Zur Vertiefung:** LK/*Tiedemann*, § 263a Rn. 54; *Schmidt/Priebe*, BT 2, Rn. 694
20	Verwendet derjenige „unbefugt" Daten, der mittels gefälschter Homepages und Banken-E-Mails (sog. Phishing) an fremde Daten gelangt ist, die zum Home-Banking gebraucht werden (PIN und TAN), und diese benutzt, um das Geld auf ein anderes Konto zu überweisen?	– **e.M.** („subjektivierende Auslegung"): Ja, der Einsatz der PIN und TAN zu diesem Zweck widerspricht dem Willen des Kontoinhabers (und der kontoführenden Bank). **(dagg.)** Der Betreiberwille ist zur Abgrenzung ungeeignet. – **a.M.** („computerspezifische Auslegung"): Ja, PIN und TAN sollen gerade sicherstellen, dass nur der berechtigte Kontoinhaber abheben kann. **(dagg.)** Freilich kann damit die Personenübereinstimmung gerade nicht sichergestellt werden (s.o. Rn. 18).

	– **h.M.** („betrugsspezifische Auslegung"): Ja, ein Bankmitarbeiter anstelle des Computers müsste (über die Personenidentität) getäuscht werden.	
	Zur Vertiefung: *Schmidt/Priebe,* BT 2 Rn. 694a ff.	
Ist eine „unbefugte Einwirkung" nur in der vierten oder in allen Varianten des § 263a I erforderlich?	– **e.M.:** Eine „unbefugte Einwirkung" ist in allen Varianten des § 263a I erforderlich; die vierte Variante ist dem Wortlaut nach Grundtatbestand für alle anderen („sonstige unbefugte Einwirkung").	**21**
	(dagg.) „Sonstige Einwirkung" bedeutet nur, dass § 263a I Var. 4 die Nichtanwendbarkeit der anderen Varianten voraussetzt („Auffangtatbestand").	
	– **h.M.:** Eine „unbefugte Einwirkung" ist für § 263a I Var. 1–3 nicht erforderlich.	
	Zur Vertiefung: *Gössel,* BT 2, § 22/3; LK/*Tiedemann,* § 263a Rn. 24; NK/*Kindhäuser,* § 263a Rn. 8	
Fällt das Leerspielen eines Geldspielautomaten mit Hilfe der Software über den Programmablauf (Einsatz der Risikotaste) unter § 263a I?	– **e.M.:** Nein, „Beeinflussung" eines Datenverarbeitungsvorgangs kann nur eine „programmwidrige" Einflussnahme sein.	**22**
	(dagg.) Dann wäre auch das „programmkonforme" Abheben vom Geldautomaten durch den Unberechtigten nicht mehr erfasst.	
	– **a.M.:** Ja, unter § 263a I Var. 1.	
	(dagg.) Nicht die Gestaltung des Programms, sondern nur der Programmverlauf wird durch die Risikotaste beeinflusst.	
	– **a.M.:** Ja, unter § 263a I Var. 2 („Verwendung unrichtiger oder unvollständiger Daten") bzw. Var. 3 („unbefugte Verwendung von Daten").	
	(dagg.) Das Betätigen der Risikotaste ist weder unrichtig noch unvollständig, und die bloße Nutzung des Wissens über den Programmablauf reicht nicht (s.o. Rn. 8),	

erforderlich ist vielmehr die Eingabe der Daten gerade in den Datenverarbeitungsprozess selbst („enge Auslegung").

– **a.M.:** Nein, denn auch § 263a I Var. 4 („sonstige unbefugte Einwirkung") scheidet aufgrund einer „computerspezifischen Auslegung" aus.

(dagg.) Auch hier ist zu fragen, ob sich ein Mensch anstelle des Computers geirrt hätte („betrugsspezifische Auslegung").

– **h.M.:** Ja, unter § 263a I Var. 4 („Auffangtatbestand").

Zur Vertiefung: *Joecks*, § 263a Rn. 37; *Schmidt/ Priebe*, BT 2, Rn. 695 ff.; *Wessels/Hillenkamp*, Rn. 617

23 In welchem Verhältnis stehen der Diebstahl einer Codekarte (§ 242) und deren anschließende Nutzung zum Abheben vom Automaten (§ 263a I)?	– **e.M.:** Der Diebstahl ist mitbestrafte Vortat, erst durch die Abhebung entsteht der entsprechende Schaden. **(dagg.)** Beide Taten richten sich gegen verschiedene Rechtsgutsträger. – **h.M.:** Tatmehrheit (§ 53). **Zur Vertiefung:** *Joecks*, § 263a Rn. 52; *LPK/ Kindhäuser*, § 263a Rn. 72
24 In welchem Verhältnis stehen Computerbetrug gem. § 263a I Var. 3 und Missbrauch von Scheck- und Kreditkarten gem. § 266b (falls beim Abheben von fremden Geldautomaten durch den kontoüberziehenden Kontoinhaber selbst beides angenommen wird)?	– **e.M.:** Tateinheit (§ 52). **(dagg.)** Dasselbe Unrecht (§ 263a I Var. 3 und § 266b wurden durch dasselbe Gesetz eingefügt). – **a.M.:** Konsumtion (des § 263a durch § 266b). **Zur Vertiefung:** *LPK/Kindhäuser*, § 263a Rn. 57

§ 264 Subventionsbetrug

Liegt ein Subventionsbetrug auch dann vor, wenn zwar falsche, subventionserhebliche (§ 264 VIII) Angaben gemacht wurden, die Subvention aber aus einem anderen Grund gewährt werden musste?	– **e.M.:** Ja, vollendet ist die Strafbarkeit schon, wenn falsche subventionserhebliche Angaben gemacht werden (ohne dass es noch auf den Schaden ankommt). **(dagg.)** Nach allgemeinen Regeln scheidet eine Strafbarkeit aus, wenn das rechtmäßige Alternativverhalten zum gleichen Ergebnis geführt hätte. **h.L.:** Nein. **Zur Vertiefung:** LPK/*Kindhäuser*, § 264 Rn. 12; *Wessels/Hillenkamp*, Rn. 693
Ist der Täter oder Teilnehmer, der als der mit der behördeninternen Vorprüfung betraute Amtsträger, dem die Entscheidung treffenden Vorgesetzten die falsche Angaben enthaltenden Anträge vorlegt?	– **e.M.:** Das sind typische Teilnahmehandlungen. **(dagg.)** Das Gesetz geht in § 264 II 2 Nr. 2 davon aus, dass sich auch der Amtsträger strafbar machen kann. – **h.M.:** Täter kann jeder sein, dem nicht selbst die Bewilligungsentscheidung obliegt. **Zur Vertiefung:** LPK/*Kindhäuser*, § 264 Rn. 13; *Wessels/Hillenkamp*, Rn. 692
In welchem Konkurrenzverhältnis stehen § 264 und Betrug nach § 263?	– **e.M.:** Tateinheit (§ 52). **(dagg.)** § 264 ist aus § 263 hervorgegangen. – **h.M.:** Gesetzeskonkurrenz („spezielleres" Delikt). **Zur Vertiefung:** LPK/*Kindhäuser*, § 264 Rn. 25
Darf im Falle des versuchten Subventionsbetruges oder der tätigen Reue (§ 263 V) zur Vermeidung von Straflosigkeit auf § 263 zurückgegriffen werden?	– **e.M.:** Nein, § 264 entfaltet insofern eine „Sperrwirkung" für §§ 263, 22 (bzw. § 263). **(dagg.)** Mit der Straflosigkeit entfällt auch die Möglichkeit der Aufzehrung im Wege der Gesetzeskonkurrenz. – **h.M.:** Ja. **Zur Vertiefung:** *Wessels/Hillenkamp*, Rn. 695

§ 264a Kapitalanlagebetrug

1	In welchem Konkurrenzverhältnis stehen § 264a und § 263?	– **e.M.**: Gesetzeskonkurrenz (§ 264a sei „subsidiär").
		(dagg.) überindividuelles Rechtsgut (Kapitalmarktschutz)
		– **h.M.**: Tateinheit (§ 52).
		Zur Vertiefung: *Joecks*, § 264a Rn. 6; LPK/ *Kindhäuser*, § 264a Rn. 14; *Wessels/Hillenkamp*, Rn. 697
2	Erstreckt sich § 264a III (tätige Reue) auch auf § 263?	– **e.M.**: Ja, § 264a III entfaltet „Sperrwirkung" auch für andere Delikte, die dahinter zurücktreten.
		(dagg.) § 264a III gilt nur im Rahmen des § 264, die Vorschriften über tätige Reue sind nicht übertragbar.
		– **h.M.**: Nein (sofern § 263 zu diesem Zeitpunkt bereits vollendet ist, sonst gilt § 24).
		Zur Vertiefung: LPK/*Kindhäuser*, § 264a Rn. 13; LK/*Tiedemann*, § 264a Rn. 71

§ 265 Versicherungsmissbrauch

1 **Aufbauschema**

I. Tatbestand

  1. Objektiver Tatbestand

    a) Tatobjekt: Versicherte Sache

    b) Tathandlung: Beschädigen, Zerstören, Beeinträchtigen der Brauchbarkeit, Beiseiteschaffen (⇨ *Rn. 2*), Überlassen

  2. Subjektiver Tatbestand

    a) Vorsatz

    b) Absicht, sich oder einem Dritten Leistungen aus der Versicherung zu verschaffen ⇨ *Rn. 3*

II. Rechtswidrigkeit

III. Schuld

Beachte: *Subsidiaritätsklausel, § 265 I a.E.*

Liegt ein „Beiseite-schaffen" i.S.d. § 265 (bzw. der §§ 283, 283d, 288) vor, wenn der Täter die Sache ohne sie räumlich zu entfernen nur so verbirgt, dass bei Nachforschungen der Anschein erweckt wird, die Sache sei abhanden gekommen?	– **e.M.:** Nein, das bloße Abstreiten des Be-sitzes (ohne körperliches Wegschaffen) reicht nicht. **(dagg.)** ratio legis. – **a.M.:** Ja, Verbergen und Verstecken ge-nügt. **Zur Vertiefung:** LPK/*Kindhäuser*, § 265 Rn. 5; *Rengier*, BT 1, § 15 Rn. 3	**2**
Ist die Absicht, sich oder einem Dritten Leistun-gen aus der Versiche-rung zu verschaffen, „technisch" oder „un-technisch" zu verste-hen?	– **e.M.:** Absicht ist „untechnisch" in dem Sinne zu verstehen, dass der Erfolg auch ein Zwischenziel oder eine Nebenfolge sein kann (wie bei § 257 oder § 263). **(dagg.)** Da es auf die Rechtswidrigkeit der Versicherungsleistung (nicht mehr) an-kommt, wäre dann auch der Dieb, der die Versicherungsleistung voraussieht, nach § 265 zu bestrafen. – **h.M.:** Die Absicht („um … zu") in § 265 ist „technisch" in dem Sinne zu verstehen, dass es dem Täter gerade auf die Auszah-lung der Versicherungsleistung ankommen muss. **Zur Vertiefung:** *Fischer*, § 265 Rn. 9 f.	**3**
Erfasst der Rücktritt (§ 24) vom Betrugsver-such nach § 263 auch den (bereits verwirk-lichten) § 265?	– **e.M.:** Ja, § 265 ist materiell nur Vorberei-tungshandlung zu § 263; im Übrigen tritt § 265 hinter § 263 aufgrund ausdrückli-cher Subsidiarität zurück („mit Strafe be-droht" heißt nicht, dass „Strafe verwirkt" sein muss). **(dagg.)** Subsidiarität setzt voraus, dass aus dem verdrängenden Delikt bestraft werden kann. – **h.M.:** Nein (die Subsidiaritätsklausel steht der Bestrafung nicht entgegen). **Zur Vertiefung:** *Joecks*, § 265 Rn. 16; *Wessels/ Hillenkamp*, Rn. 661	**4**

| 5 | Sind die Vorschriften über die „tätige Reue" (§§ 264 V, 264a III, 265b II) auf § 265 analog anwendbar? | – **e.M.:** Ja, zum Ausgleich der sonst unerträglichen „Vorfeldkriminalisierung".

 (dagg.) Ausnahmeregelungen sind nicht erweiterbar.

 – **h.M.:** Nein.

 Zur Vertiefung: *Joecks,* § 265 Rn. 14; LPK/*Kindhäuser,* § 265 Rn. 9; *Wessels/Hillenkamp,* Rn. 660 |

§ 265a Erschleichen von Leistungen

| 1 | **Aufbauschema**
 I. Tatbestand
   1. Objektiver Tatbestand
     a) Tatobjekt: Leistung
       aa) Var. 1: eines Automaten ⇨ *Rn. 2*
       bb) Var. 2: eines öffentlichen Zwecken dienenden Telekommunikationsnetzes
       cc) Var. 3: Beförderung durch ein Verkehrsmittel
       dd) Var. 4: Zutritt zu einer Veranstaltung oder Einrichtung
     b) Tathandlung: Erschleichen der Leistung ⇨ *Rn. 3 ff.*
   2. Subjektiver Tatbestand
     a) Vorsatz
     b) Absicht, das Entgelt nicht zu entrichten
 II. Rechtswidrigkeit
 III. Schuld
 IV. Strafverfolgungsvoraussetzung
   Strafantrag, § 265a III i.V.m. §§ 247, 248a
 Beachte: *Subsidiaritätsklausel, § 265a I a.E.* ⇨ *Rn. 6* |

| 2 | Werden auch Warenautomaten von § 265a erfasst? | – **e.M.:** Ja, auch „Warenautomat" (dazu gehört auch der Bankomat).

 (dagg.) Wortlaut („die Leistung eines Automaten")

 – **h.M.:** Nein, nur „Leistungsautomaten" (der Geldspielautomat ist im Hinblick auf das Geld aber nur Warenautomat).

 Zur Vertiefung: LPK/*Kindhäuser,* § 265a Rn. 15 f.; *Wessels/Hillenkamp,* Rn. 678 |

Setzt das „Erschleichen" ein Umgehen oder Ausschalten von Sicherungsvorkehrungen voraus?	**– e.M.:** Nein, es reicht jede unbefugte Inanspruchnahme, die sich mit dem äußerlichen Anschein der Ordnungsmäßigkeit umgibt. **3**
	(dagg.) Es ist nicht der Sinn und Zweck des § 265a, den Abbau von Kontrollen zu ermöglichen.
	h.L.: Ja.
	Zur Vertiefung: Joecks, § 265a Rn. 9 f.; LPK/ *Kindhäuser*, § 265a Rn. 4 ff.; *Wessels/Hillenkamp*, Rn. 673 ff.
Liegt eine Zutrittserschleichung vor, wenn der Kartenkontrolleur bestochen wird?	**– e.M.:** Ja, das ist eine Form der Umgehung **4** von Sicherungsvorkehrungen.
	(dagg.) Betrug läge mangels Täuschung gerade nicht vor.
	– a.M.: Nein, es fehlt ein Täuschungsäquivalent.
	Zur Vertiefung: Joecks, § 265a Rn. 11; LPK/ *Kindhäuser*, § 265a Rn. 21
Kann sich wegen „Beförderungserschleichung" strafbar machen, wer eine gültige Monatskarte lediglich nicht dabei hat?	**– e.M.:** Ja, sofern er Sicherungsvorkehrun- **5** gen umgeht, z.B. Drehkreuze überspringt.
	(arg.) Wer eine Monatsfahrkarte nicht vorweisen kann, muss (zunächst) einen neuen Fahrschein lösen, das spart sich der Täter.
	(dagg.) Da das Entgelt schon entrichtet ist, kann aber materiell kein „Schaden" entstehen.
	– h.M.: Nein, es fehlt (zumindest) an der nötigen Absicht, das Entgelt nicht zu entrichten (wenn nicht schon am objektiven Tatbestand).
	Zur Vertiefung: LPK/*Kindhäuser*, § 265a Rn. 25
Setzt die Subsidiaritätsklausel voraus, dass es sich um Delikte mit „gleicher oder ähnlicher Schutzrichtung" handelt?	**– e.M.:** Ja, sog. relative Subsidiarität (s.o. **6** § 248b Rn. 3).
	(dagg.) Wortlaut
	– h.M.: Nein.
	Zur Vertiefung: LPK/*Kindhäuser*, § 265a Rn. 26; *Wessels/Hillenkamp*, Rn. 671

§ 265b Kreditbetrug

1 | Fallen auch Kredite, bei denen das Kreditinstitut lediglich als Treuhänder auftritt (sog. Durchlaufkredite), unter § 265b? | – **e.M.:** Ja, Wortlaut.

(dagg.) So wie Kredite nicht dem Tatbestand unterfallen, die einem Unternehmer nur zu privaten Zwecken erteilt werden, so müssen nach dem Sinn und Zweck der Vorschrift auch solche durchlaufenden Kredite ausscheiden.

– **a.M.:** Nein.

Zur Vertiefung: LPK/*Kindhäuser*, § 265b Rn. 7; Schönke/Schröder/*Perron*, § 265b Rn. 5

2 | Kann auch ein Mitarbeiter des Kreditgebers Täter des § 265b sein? | – **e.M.:** Nein, Mitarbeiter des Kreditgebers sind allenfalls Teilnehmer.

(dagg.) Auch beim Subventionsbetrug (§ 264) kann der an der Subventionsentscheidung Beteiligte Täter sein.

– **h.M.:** Ja, Täter kann jeder sein, der nicht selbst die Bewilligungsentscheidung trifft.

Zur Vertiefung: MüKo/*Wohlers*, 1. Aufl., § 265b Rn. 42; *Wessels/Hillenkamp*, Rn. 698

3 | Kann auch ein anderer als der Kreditgeber Adressat der Täuschung sein (z.B. ein Auskunftsbüro, das Ermittlungen über die Kreditwürdigkeit anstellen soll)? | – **e.M.:** Nein, denkbar ist aber eine mittelbare Täterschaft, wenn die falschen Angaben an den Kreditgeber weitergegeben werden sollen.

(dagg.) Im Gesetz steht nicht, dass der Betrieb, dem „im Zusammenhang" mit der Kreditvergabe falsche Angaben gemacht werden, der Kreditnehmer sein muss.

– **h.M.:** Ja.

Zur Vertiefung: LK/*Tiedemann*, § 265b Rn. 61 f.; LPK/*Kindhäuser*, § 265b Rn. 9; Schönke/Schröder/*Perron*, § 265b Rn. 23

4 | In welchem Konkurrenzverhältnis stehen § 265b und § 263? | – **e.M.:** Gesetzeskonkurrenz (jedenfalls wenn beide vollendet sind – der vollendete § 265b kann hinter den versuchten § 263 aufgrund der Klarstellungsfunktion nicht zurücktreten).

(dagg.) § 265b hat (wie § 264a) ein (weiteres) überindividuelles Schutzgut (Funktionsfähigkeit der Kreditwirtschaft).

h.L.: Tateinheit (§ 52).

Zur Vertiefung: LPK/*Kindhäuser*, § 265b Rn. 18; *Rengier*, BT 1, § 17 Rn. 13; *Wittig*, § 19 Rn. 31

§ 266 Untreue

Aufbauschema   1

I. Tatbestand
1. Objektiver Tatbestand
   a) Alt. 1 (Missbrauchstatbestand) ⇨ *Rn. 6*
      aa) Befugnis
         (1) über fremdes Vermögen zu verfügen oder
         (2) einen anderen zu verpflichten ⇨ *Rn. 2 f.*
      bb) Aufgrund von
         (1) Gesetz
         (2) Behördlichem Auftrag oder
         (3) Rechtsgeschäft
      cc) Tathandlung: Missbrauch ⇨ *Rn. 4 f., 19*
   b) Alt. 2 (Treubruchstatbestand)
      aa) Vermögensbetreuungspflicht ⇨ *Rn. 7 f., 17*
      bb) Aufgrund von
         (1) Gesetz
         (2) Behördlichen Auftrag
         (3) Rechtsgeschäft oder
         (4) Treueverhältnis
      cc) Tathandlung: Verletzung der Treuepflicht ⇨ *Rn. 14, 19*
   c) Taterfolg: Nachteil ⇨ *Rn. 9 ff.*
   d) Kausalität zwischen Tathandlung und Taterfolg
2. Subjektiver Tatbestand

II. Rechtswidrigkeit

III. Schuld

IV. Strafverfolgungsvoraussetzung
Strafantrag, § 266 II i.V.m. §§ 247, 248a

V. Strafzumessung
Besonders schwere Fälle, § 266 II i.V.m. § 263 III
(Regelbeispiele mit Geringwertigkeitsklausel § 266 II i.V.m. § 243 II)

2	Hat der im Rahmen seines Botenauftrages Handelnde die „Befugnis, über fremdes Vermögen zu verfügen oder einen anderen zu verpflichten" i.S.d. § 266 I Alt. 1?	– **e.M.:** Ja, „verpflichten" kann jeder den Geschäftsherren, der von ihm eine Stellung eingeräumt bekommen hat, kraft derer er fremdes Vermögen beeinträchtigen kann. **(dagg.)** „Verfügen" und „verpflichten" sind zivilrechtliche Kategorien. – **h.M.:** Nein, nur der Vertreter (§§ 164 ff. BGB); der Bote überbringt lediglich eine Erklärung. **Zur Vertiefung:** *Joecks*, § 266 Rn. 21
3	Hat derjenige i.S.d. § 266 I Alt. 1 die „Befugnis, über fremdes Vermögen zu verfügen oder einen anderen zu verpflichten", dessen Vollmacht im Innenverhältnis erloschen ist, im Außenverhältnis gem. §§ 170 ff. BGB aber noch fortwirkt?	– **e.M.:** Nein, dessen Befugnis beruht nicht auf einem Rechtsgeschäft, sondern auf Rechtsscheinsregeln; das genügt ebenso wenig wie eine Duldungs- und Anscheinsvollmacht. **(dagg.)** Die Vertretungsmacht geht aber noch ursächlich auf die frühere rechtsgeschäftliche Erteilung zurück, das reicht. – **a.M.:** Ja (im Übrigen ergibt sich die Befugnis eben „durch Gesetz", § 170 BGB). **Zur Vertiefung:** *Krey/Hellmann*, BT 2, Rn. 547 f.; *LPK/Kindhäuser*, § 266 Rn. 46
4	Kann ein Missbrauch der Verfügungs- bzw. Verpflichtungsbefugnis (§ 266 I Alt. 1) in dem Abschluss besonders riskanter Geschäfte (sog. Risikogeschäfte) liegen, obwohl der Geschäftsherr damit einverstanden ist?	– **e.M.:** Nein, das Einverständnis schließt die Verletzung der Vermögensbetreuungspflicht aus (im Unterschied zur Einwilligung setzt das Einverständnis keine Freiheit von Willensmängeln voraus; im Übrigen kann aus der Erteilung nicht geschlossen werden, dass der Aufklärungspflicht nicht Genüge getan sei). **(dagg.)** Schon die Frage nach dem Einverständnis ist pflichtwidrig, wenn der Täter weiß, dass das Opfer die Risiken nicht zu durchschauen im Stande ist. – **a.M.:** Ja (erforderlich ist aber mindestens noch dolus eventualis). **Zur Vertiefung:** *Wessels/Hillenkamp*, Rn. 757 f.

Hat die Zustimmung der Gesellschafter einer GmbH zu einer Vermögensverfügung des Geschäftsführers Einfluss auf deren Pflichtwidrigkeit?	– **e.M.** (sog. Körperschaftstheorie): Nein, die Zustimmung der Gesellschafter kann die Pflichtwidrigkeit der Schädigung des Gesellschaftsvermögens nicht beseitigen (das gilt sogar bei Personengleichheit von Gesellschafter und Geschäftsführer, z.B. „Einmann-GmbH"). **5**
	(dagg.) Die Gesellschaft kann keinen anderen Willen bilden als durch den Geschäftsführer oder die Gesellschafter.
	– **h.M.** (sog. Gesellschaftertheorie): Ja, die Interessen der Gesellschaft sind mit den Interessen der Gesellschafter identisch (sofern nicht gegen zwingende Vorschriften der Bestandssicherung der Gesellschaft verstoßen wird).
	Zur Vertiefung: LPK/*Kindhäuser*, § 266 Rn. 56 ff.
Setzt auch der Missbrauchstatbestand (§ 266 I Alt. 1) eine „Vermögensbetreuungspflicht" voraus?	– **e.M.:** Nein, Wortlaut: die „Pflicht, fremde Vermögensinteressen wahrzunehmen" steht nur in § 266 I Alt. 2 (Treuebruchtatbestand). **6**
	(dagg.) Wortlaut: Die Passage „dem, dessen Vermögensinteressen er zu betreuen hat" gilt für beide Alternativen; § 266b wäre sonst überflüssig.
	– **h.M.:** Ja (anders als beim Missbrauchstatbestand kann die Vermögensbetreuungspflicht beim Treuebruchtatbestand auch auf einem rein tatsächlichen „Treueverhältnis" fußen).
	Zur Vertiefung: *Hillenkamp*, Probleme BT, 34. Problem; LPK/*Kindhäuser*, § 266 Rn. 14 ff.
Hat eine einfache Verkäuferin oder Kassiererin im Supermarkt eine „Vermögensbetreuungspflicht" i.S.d. § 266?	– **e.M.:** Ja aus dem Arbeitsvertrag, Nebenpflichten (§ 242 BGB) reichen. **7**
	(dagg.) Das ginge zu weit; die „Pflicht, fremde Vermögensinteressen wahrzunehmen" muss Hauptpflicht sein.

		– **h.M.:** Nein (es sei denn, sie ist Filialleiterin oder ist als Kassiererin im Besitz des Kassenschlüssels). **Zur Vertiefung:** *Joecks*, § 266 Rn. 24 ff.; *Wessels/Hillenkamp*, Rn. 769 f.
8	Hat der Vermieter eine „Vermögensbetreuungspflicht" bzgl. der vom Mieter gestellten Mietkaution nach § 551 III BGB?	– **e.M.:** Nein, keine Hauptpflicht. **(dagg.)** Die Verwendung der Mietkaution zu eigenen Zwecken muss (rechtspolitisch) strafbar sein. – **h.M.:** Ja (anders jedoch bei Gewerberaummiete). **Zur Vertiefung:** *Beulke*, KK III, Rn. 485 (103. Problem); *Satzger*, Jura 1998, 570 ff.
9	Ist „Nachteil" in § 266 dasselbe wie „Schaden"?	– **e.M.:** Nein, „Nachteil" ist weiter und umfasst z.B. auch „schadensgleiche Gefährdungen". **(dagg.)** Der Wortlaut entspricht § 253 und auch dort wird „Nachteil" als „Schaden" verstanden; im Übrigen sind „schadensgleiche Gefährdungen" ohnehin vom Schadensbegriff erfasst (s.o. § 263 Rn. 29). – **h.M.:** Ja, der Begriff ist im Ansatz auszulegen wie der Vermögensschaden bei § 263 (allerdings findet eine großzügige Anrechnung gesetzlicher Ersatzansprüche etc. statt). **Zur Vertiefung:** *Joecks*, § 266 Rn. 30; *Wessels/Hillenkamp*, Rn. 775 f.
10	Macht sich nach § 266 schon strafbar, wer öffentliche Gelder zweckwidrig einsetzt (sog. Haushaltsuntreue)?	– **e.M.:** Nein, geschützt ist nicht die bloße Gestaltungsmacht des Haushaltsgesetzgebers, sondern allein das Vermögen. **(dagg.)** Wer unter Missachtung der Dispositionsfreiheit des Haushaltsgesetzgebers Mittel zweckentfremdet, der führt einen Schaden nach den Grundsätzen des individuellen Schadenseinschlags herbei (s.o. § 263 Rn. 22).

	– h.M.: Ja (im Übrigen kann nach den Grundsätzen des individuellen Schadenseinschlags ein Vermögensschaden sogar ohne „Zweckentfremdung" vorliegen). **Zur Vertiefung:** *Joecks,* § 266 Rn. 31a; LPK/*Kindhäuser,* § 266 Rn. 89; *Wessels/Hillenkamp,* Rn. 780	
Liegt Untreue nach § 266 vor, wenn eine Stelle aus rein sachfremden Motiven, z.B. Parteizugehörigkeit, mit einem fachlich geeigneten Kandidaten besetzt wird (Ämterpatronage)?	**– e.M.:** Ja, nach den Grundsätzen des individuellen Schadenseinschlags kann ein Schaden auch dann bestehen, wenn der Kandidat im Übrigen sein Geld „wert" ist. **(dagg.)** Nach den Grundsätzen des Anstellungsbetrugs (s.o. § 263 Rn. 28) kann ein Schaden nur angenommen werden, wenn der Bewerber entweder die Leistungsanforderungen oder die Laufbahnvoraussetzungen nicht erfüllt. **– h.M.:** Nein (anders, wenn ein fachlich ungeeigneter Bewerber eingestellt wird). **Zur Vertiefung:** LPK/*Kindhäuser,* § 266 Rn. 90	**11**
Liegt ein Nachteil i.S.d. § 266 vor, wenn der Täter für seinen Geschäftsherrn ein wirtschaftlich ausgeglichenes Geschäft abschließt und dafür vom Geschäftspartner ein Schmiergeld erhält (sog. Kick-Back-Verfahren)?	**– e.M.:** Nein, das Schmiergeld stammt ja aus dem Vermögen des Geschäftspartners. **(dagg.)** Da der Geschäftspartner das Schmiergeld in die Kalkulation der verlangten Gegenleistung einbezieht, stammt der Vorteil des Täters wirtschaftlich doch aus dem von ihm betreuten Vermögen. **– h.M.:** Ja, der Vermögensnachteil besteht zumindest in Höhe des Schmiergeldes (wenn der Geschäftspartner bereit gewesen wäre, die Leistung ohne das Schmiergeld zu einem günstigeren Preis zu erbringen) – bei Abschluss eines im Vergleich zu Mitbewerbern teureren Geschäfts sogar noch darüber hinaus. **Zur Vertiefung:** *Joecks,* § 266 Rn. 31d; LPK/*Kindhäuser,* § 266 Rn. 85 ff.	**12**

13 | Begeht eine Untreue, wer durch Flugreisen erworbene Bonus-Meilen nicht an sein Unternehmen abführt, sondern privat verfliegt?

– **e.M.:** Ja, das private Verwenden von geschäftlich erworbenen Bonus-Meilen ist, wenn nicht seitens des Geschäftsherrn ausdrücklich erlaubt, analog dem Empfang von Schmiergeldern im Kick-Back-Verfahren als Untreue zu bestrafen.

(dagg.) Der Flugpreis steht fest. Es gehört nicht zur Vermögensbetreuungspflicht, das Vermögen des Berechtigten zu mehren, sondern nur ihm keinen Nachteil zuzufügen.

– **a.M.:** Nein, die Nichterfüllung des Anspruchs aus § 687 II BGB ist strafrechtlich nicht pönalisiert.

Zur Vertiefung: LPK/*Kindhäuser*, § 266 Rn. 85

14 | Liegt eine Untreue nach § 266 vor, wenn Aufsichtsratsmitglieder sog. (kompensationslose) nachträgliche „Anerkennungsprämien" an Ex-Vorstände (oder andere Führungskräfte) gewähren (Mannesmann-Fall)?

– **e.M.:** Nein, solche „appreciation awards" sind international üblich und nach Maßstab des § 87 AktG zulässig.

(dagg.) Durch die nachträgliche Gewährung hat die Gesellschaft nichts mehr zu gewinnen und das Einverständnis (mit dem Vermögensverlust) ist irrelevant, da gerade seine Erteilung pflichtwidrig war.

– **h.M.:** Ja, sowohl die Verletzung der Vermögensbetreuungspflicht wie auch der Nachteil liegen vor.

Zur Vertiefung: LPK/*Kindhäuser*, § 266 Rn. 68

15 | Ist Untreue nach § 266 gegeben, wenn der Vorstand/Aufsichtsrat Mittel des Unternehmens zum Sponsoring einsetzt?

– **e.M.:** Ja, davon hat das Unternehmen nichts.

(dagg.) Doch, insb. Werbung und Öffentlichkeitsarbeit (inkl. Mäzenatentum).

– **h.M.:** Nein (je loser die Verbindung, desto enger aber der Spielraum innerhalb der Vermögensbetreuungspflicht).

Zur Vertiefung: LPK/*Kindhäuser*, § 266 Rn. 67

Begeht eine Untreue gegenüber seinem Unternehmen oder seiner Partei, wer „schwarze Kassen" bildet, um die abgezweigten Gelder später gewinnbringend für diese einzusetzen (Schmiergelder, Wahlkampf)?	**e.M.:** Nein, der Gewinn schließt den „Nachteil" aus. **16** **(dagg.)** Zunächst ist dem Unternehmen/der Partei aber der Zugriff darauf entzogen (bei Nichtdeklaration von Parteispenden droht im Übrigen noch die das Parteivermögen schädigende Rückzahlung von hohen Geldsummen nach dem Parteiengesetz). – **h.M.:** Ja (das Schmieren mit Unternehmensgeldern selbst muss nach dem wirtschaftlichen Vermögensbegriff aber noch keinen Nachteil bedeuten). **Zur Vertiefung:** *Joecks*, § 266 Rn. 31b; LPK/*Kindhäuser*, § 266 Rn. 91 f.
Kann Untreue auch im Rahmen gesetzes- oder sittenwidriger Vertragsbeziehungen begangen werden (sog. Ganovenuntreue)?	**e.M.:** Nein, es besteht keine „Vermögensbetreuungspflicht"; sitten- und gesetzeswidrige Positionen (§§ 134, 138 BGB) sind schon vom Vermögensbegriff ausgeschlossen (s.o. § 263 Rn. 16). **17** **(arg.)** Einheit der Rechtsordnung **(dagg.)** Das Entstehen rechtsfreier Räume (zwischen Ganoven) muss verhindert werden. – **h.M.:** Ja, die Vermögensbetreuungspflicht kann bei § 266 I Alt. 2 auch auf einem rein tatsächlichen „Treueverhältnis" fußen (s.o. Rn. 6; die bloße Nichtvornahme eines gesetzeswidrigen Geschäfts kann aber keinesfalls als Untreue bestraft werden). **Zur Vertiefung:** *Hillenkamp*, Probleme BT, 35. Problem
Ist § 28 I auf die Teilnehmer der Untreue anwendbar?	– **e.M.:** Nein, dann würde der Teilnehmer zweifach privilegiert, erstens indem er nur wegen fehlender Pflichtenstellung nicht als Täter beurteilt werden kann und zweitens indem seine Strafe auch noch nach § 27 II 2 und § 28 I (i.V.m. § 49 I) „doppelt" gemildert wird. **18**

		(dagg.) Die „Treuepflicht" kennzeichnet nicht nur eine besondere Zugriffsmöglichkeit auf das Vermögen, sondern auch die Nähe des Täters zum Opfer.
		– **h.M.:** Ja, die „Vermögensbetreuungspflicht" ist besonderes persönliches Merkmal i.S.d. § 28 I.
		Zur Vertiefung: *Fischer*, § 266 Rn. 186; *Joecks*, § 266 Rn. 34; Schönke/Schröder/*Perron*, § 266 Rn. 52
19	Ist § 13 auf § 266 anwendbar?	– **e.M.:** Ja, § 13 findet Anwendung; die „Vermögensbetreuungspflicht" ist Garantenpflicht i.S.d. § 13 I.
		(dagg.) § 266 ist insofern „echtes Unterlassungsdelikt", als die Pflichtverletzung gleichermaßen durch Tun oder Unterlassen begangen werden kann, § 13 bedarf es dafür nicht.
		– **h.M.:** Nein, zwar ist die Untreue auch durch Unterlassen begehbar, aber § 13 I (Entsprechungsklausel) und vor allem II (Strafmilderung) sind unanwendbar.
		Zur Vertiefung: *Joecks*, § 266 Rn. 36; LPK/ *Kindhäuser*, § 266 Rn. 13; *Wessels/Hillenkamp*, Rn. 765
20	In welchem Verhältnis stehen § 266 und § 246 II („veruntreuende Unterschlagung")?	– **e.M.:** Tateinheit (§ 52); bei Bestrafung nur aus § 266 käme nicht zum Ausdruck, dass eine Vermögensverschiebung (hin zum Täter) stattgefunden hat; die Subsidiaritätsklausel (§ 246 I, letzter Halbsatz) gilt nicht für § 246 II.
		(dagg.) Treueverhältnis bzw. Vermögensbetreuungspflicht und Anvertrautsein (§ 246 II) sind inhaltsgleich.
		– **h.M.:** Die (spätere) Zueignung nach § 246 II tritt als mitbestrafte Begleittat (oder Nachtat) hinter § 266 zurück.
		Zur Vertiefung: *Joecks*, § 266 Rn. 37 f.; *Rengier*, BT 1, § 18 Rn. 72 f.

§ 266a Vorenthalten und Veruntreuen von Arbeitsentgelt

Macht sich der Arbeitgeber, der erst andere Verbindlichkeiten erfüllt und deshalb über keine Mittel mehr für die Arbeitnehmerbeiträge verfügt, nach § 266a I strafbar?	— **e.M.:** Nein, alle Forderungen können nicht erfüllt werden (nemo ultra posse obligatur); ein Vorrang der Forderungen des Sozialversicherungsträgers besteht zivilrechtlich nicht. **(dagg.)** Ein solcher Vorrang lässt sich dem § 266a entnehmen. — **h.M.:** Ja (der Vorwurf besteht darin, dass der Geschäftsführer die Geschäfte fortgeführt hat und Verbindlichkeiten eingegangen ist, ohne Rücklagen zu bilden, als das noch möglich war, Gedanke der omissio libera in causa). **Zur Vertiefung:** *Joecks*, § 266a Rn. 2a; *Wittig*, § 22 Rn. 31 ff.	1
Ist bei § 266a III ein tatbestandsausschließendes Einverständnis des Arbeitnehmers (z.B. bzgl. der Nichtzahlung vermögenswirksamer Leistungen) möglich?	— **e.M.:** Nein, bei § 266a I ist auch keine Einwilligung möglich. **(dagg.)** Wenn schon die Mitteilung über die Nichtzahlung die Tatbestandsmäßigkeit bei § 266a III entfallen lässt, dann muss auch auf die Unterrichtung verzichtet werden können. — **h.M.:** Ja. **Zur Vertiefung:** *Fischer*, § 266a Rn. 22a; LPK/*Kindhäuser*, § 266a Rn. 19	2
Ist die Arbeitgebereigenschaft besonderes persönliches Merkmal i.S.d. § 28 I?	— **e.M.:** Nein, die besondere Täterqualität ergibt sich bei § 266a nur aus der Nähe zum geschützten Rechtsgut und nicht aus einer persönlichen Pflichtstellung. **(dagg.)** Die Pflichtstellung hat treuhänderische Züge. — **h.M.:** Ja. **Zur Vertiefung:** LPK/*Kindhäuser*, § 266a Rn. 4	3

| 4 | In welchem Konkurrenzverhältnis stehen § 266a I und II zu § 263? | – **e.M.:** Spezialität (ebenso wie zu § 266).

(dagg.) Unterschiedliche Rechtsgüter (Schutz der Solidargemeinschaft der Versicherten und Vermögen).

– **a.M.:** Tateinheit (§ 52).

Zur Vertiefung: LPK/*Kindhäuser*, § 266a Rn. 23 |

§ 266b Missbrauch von Scheck- und Kreditkarten

| 1 | **Aufbauschema**

I. Tatbestand
  1. Objektiver Tatbestand
    a) Täter: Berechtigter Karteninhaber
    b) Tatsituation: Überlassung einer Scheck- oder Kreditkarte ⇨ *Rn. 2 ff.*
    c) Tathandlung: Missbrauch ⇨ *Rn. 5 ff.*
    d) Taterfolg: Vermögensschaden ⇨ *Rn. 9*
    e) Kausalität
  2. Subjektiver Tatbestand
II. Rechtswidrigkeit
III. Schuld
IV. Strafverfolgungsvoraussetzung
  Strafantrag, § 266b II i.V.m. § 248a |

| 2 | Setzt § 266b das Vorhandensein von drei Partnern voraus? | – **e.M.:** Nein, Wortlaut; Zwei-Partner-System („Kunden"-Karte) genügt.

(dagg.) „Untreueähnlichkeit" (§ 266: „einen anderen zu verpflichten")

– **a.M.:** Ja, § 266b erfasst nur „Drei- (und mehr) Partner-Systeme".

Zur Vertiefung: *Joecks*, § 266b Rn. 15; LPK/*Kindhäuser*, § 266b Rn. 9 ff. |
| 3 | Fallen auch Mischformen unter § 266b, die bei Inanspruchnahme von Leistungen des Ausstellers als Kundenkarte, bei Inanspruchnahme von Leistungen Dritter aber als Kreditkarte fungieren? | – **e.M.:** Ja, unter § 266b fallen ohnehin auch Kundenkarten (s.o. Rn. 2).

(dagg.) Dem ist nicht so.

– **a.M.:** Es ist zu unterscheiden, ob die Karte gerade als Kundenkarte (im Zwei-Partner-System) oder als Kreditkarte (im Drei-Partner-System) eingesetzt wird. |

	(dagg.) Die Strafrahmendiskrepanz (§ 263 bei Benutzung als Kundenkarte, § 266b bei Benutzung als Kreditkarte) ist bei im Wesentlichen gleichem Unrechtsgehalt wenig einleuchtend.	
	– **a.M.:** Der (mildere) Strafrahmen des § 266b gilt auch für § 263 (und das gilt auch für reine Kundenkarten). **Zur Vertiefung:** LPK/*Kindhäuser*, § 266b Rn. 13	
Wird auch der Missbrauch von Scheck- oder Kreditkarten im POS-Verfahren von § 266b erfasst?	– **e.M.:** Nein, die Zahlungsverpflichtung beruht hier nicht auf einer dem Karteninhaber eingeräumten Verpflichtungsbefugnis, sondern auf einem dem Händler gegebenen abstrakten Schuldversprechen. **(dagg.)** Der Wortlaut („Möglichkeit, den Aussteller zu veranlassen") ist weit genug. – **h.M.:** Ja (anders indes im POZ- oder elektronischen Lastschriftverfahren). **Zur Vertiefung:** LPK/*Kindhäuser*, § 266b Rn. 8; *Rengier*, BT 1, § 19 Rn. 22 f.	4
Ist es ein Missbrauch i.S.d. § 266b, wenn der Karteninhaber die Karte etwa einem Dritten überlässt, während er sie als gestohlen meldet, um diesem die Möglichkeit zur Schädigung des Ausstellers zu geben?	– **e.M.:** Ja, das ist ein „Missbrauch" einer mit Überlassung der Karte eingeräumten Möglichkeit. **(dagg.)** „Missbrauch" ist (wie bei § 266) nur die Überschreitung des rechtlichen Dürfens im Rahmen des rechtlichen Könnens. – **h.M.:** Nein, hier nutzt der Karteninhaber nicht die rechtlichen Möglichkeiten seines Könnens, sondern nur faktische (es handelt sich um gemeinschaftlichen Betrug). **Zur Vertiefung:** LPK/*Kindhäuser*, § 266b Rn. 17; *Wessels/Hillenkamp*, Rn. 801	5
Greift § 266b ein, wenn der Karteninhaber und der Kartennehmer kollusiv zusammenwirken?	– **e.M.:** Ja, auch das ist ein Missbrauch der mit Überlassung der Karte eingeräumten Möglichkeit, um den Aussteller zu einer Zahlung zu „veranlassen".	6

		(dagg.) In einem solchen Fall wird eine Zahlungsverpflichtung des Ausstellers nicht begründet.
		— **h.M.:** Nein (zu prüfen ist wiederum mittäterschaftlicher Betrug).
		Zur Vertiefung: LPK/*Kindhäuser*, § 266b Rn. 15
7	Ist § 266b gegeben, wenn bei der Verwendung der Karte das zwischen den beteiligten Unternehmen vorgesehene Limit (oder eine bestimmte Garantiesumme) überschritten wird?	— **e.M.:** Nein, das Geschäft überschreitet Können und Dürfen; ein Missbrauch liegt daher nicht vor.
		(dagg.) Bis zu der vereinbarten Grenze handelt es sich um einen Missbrauch.
		— **h.M.:** Ja, § 266b erfasst aber nur den Schaden bis zum vereinbarten Betrag (hinsichtlich des ungedeckten Mehrbetrags kommt Betrug in Betracht).
		Zur Vertiefung: LPK/*Kindhäuser*, § 266b Rn. 15
8	Fällt die EC-Karte noch unter den Begriff der Scheckkarte?	— **e.M.:** Nein, seit Wegfall des Euro-Cheque-Systems am 1.1.2002 ist die Alt. 1 gegenstandslos.
		(dagg.) § 266b wurde zugleich mit § 263a eingefügt; er erfasst dasselbe Unrecht, jedoch mit geringerem Strafrahmen; die EC-Karte existiert weiter und ist schutzwürdig.
		— **a.M.:** Ja, bei Abhebungen bei einer Fremdbank (Drei-Partner-System).
		Zur Vertiefung: *Joecks*, § 266b Rn. 14 f.; LPK/*Kindhäuser*, § 266b Rn. 19 ff.; *Wessels/Hillenkamp*, Rn. 796
9	Liegt mit Entstehen der Zahlungsverpflichtung der Bank schon ein Schaden vor?	— **e.M.:** Nein, die auszahlende Bank bzw. der Händler muss sich erst noch an die karteausgebende (kontoführende) Bank wenden (Unmittelbarkeit); die kontoführende Bank bekommt im Gegenzug eine Forderung gegen den Täter (Gegenwert).
		(dagg.) Es kommt aber unmittelbar zu einer „schadensgleichen Vermögensgefähr-

	dung" durch Eingehen der Verpflichtung gegenüber der auszahlenden Bank oder dem Händler ohne realisierbare Ausgleichsmöglichkeit.	
	– **a.M.:** Ja (dasselbe gilt im Rahmen des § 263a).	
	Zur Vertiefung: NK/*Kindhäuser*, § 266b Rn. 23; Schönke/Schröder/*Perron*, § 266b Rn. 10	
Entfaltet die Straflosigkeit des versuchten Missbrauchs von Scheck- und Kreditkarten gem. § 266b eine „Sperrwirkung" bzgl. §§ 263 (263a, 266), 22?	– **e.M.:** Ja, im Fall der Vollendung würde § 266 als milderes Spezialgesetz (Privilegierung) die §§ 263, 263a, 266 verdrängen.	**10**
	(dagg.) Nur ein tatsächlich Platz greifendes Delikt kann ein anderes verdrängen.	
	– **a.M.:** Nein (s.o. § 264 Rn. 4).	
	Zur Vertiefung: *Lackner/Kühl*, § 266b Rn. 9; LPK/*Kindhäuser*, § 266b Rn. 30	
In welchem Verhältnis stehen die betrügerische Erlangung von Scheck- und Kreditkarten (§ 263) zum nachfolgenden Missbrauch (§ 266b)?	– **e.M.:** Tateinheit (§ 52).	**11**
	(dagg.) keine überschneidenden Ausführungshandlungen	
	– **a.M.:** Tatmehrheit (§ 53).	
	(dagg.) Gleiches Rechtsgut (Vermögen); Schutz des „bargeldlosen Zahlungsverkehrs" ist nur ein Schutzreflex.	
	– **a.M.:** § 266b ist mitbestrafte Nachtat.	
	(dagg.) Das widerspricht dem Privilegierungscharakter des § 266b, denn es bliebe das Delikt mit der schärferen Strafandrohung übrig.	
	– **a.M.:** § 263 ist mitbestrafte Vortat.	
	Zur Vertiefung: LPK/*Kindhäuser*, § 266b Rn. 31; *Otto*, BT, § 54 Rn. 55; *Wessels/Hillenkamp*, Rn. 798	

Stichwortverzeichnis

Nachweise beziehen sich auf Paragraph.Randnummer.

Ablationstheorie 242.14
Absatz, Absatzhilfe 257.6 ff.,
  259.1, 15
Absetzen (an einen Polizisten)
  259.10
Absicht, untechnisch, technisch
  257.9; 263.35 f.; 265.3
Abwehrinstinkte, natürliche
  211.15
Abzockfalle 263.3
Aids, HIV, s. dort
Affektionsinteresse 248a.1
Ähre auf dem Feld 242.9
Alternativverhalten, rechtmäßi-
  ges, s. dort
Ämterpatronage 266.11
Analogie
– gebotene 242.2
– verbotene 228.2; 242.2
Aneignung 242.1, 16, 22, 25;
  246.4
Anerkennungsprämien, kom-
  pensationslose 266.14
Ankaufen (schuldrechtlicher,
  dinglicher Vertrag) 259.9
Anklageerhebung 248a.4
Anstellungsbetrug 263.29; 266.11
Anvertrautsein 221.7; 266.20
appreciation awards, s. Anerken-
  nungsprämien 266.14
Apprehensionstheorie 242.14
Arbeitsvertrag 266.7
Arglosigkeit
– bei Kleinstkindern/Geistes-
  kranken 211.15

– bei Schlafenden/Bewusstlosen
  211.14
– bei vorangegangenem Streit
  211.13
Ärtzlicher Heileingriff 223.6
Auffangtatbestand 246.2,
  263a.21 f.
Aufklärungspflicht 263.39 f.
Aufnahme, s. Videoaufnahme
Aufrechterhalten eines pathologi-
  schen Zustandes 223.5
Aufrechterhaltungstheorie (bei
  der Hehlerei) 259.7
Aufschwingen (zum Alleinge-
  wahrsamsinhaber) 242.12
Aufsichtsrat 266.14 f.
Aufsuchen von räumlicher Nähe
  238.3
Ausbruch 212.9
Ausgang 239.7
Ausgleich von Fehlbeträgen 246.7
Auslandstat (als Vortat bei Heh-
  lerei) 259.4
Auslegung, verfassungskonfor-
  me, s. dort
Ausnahmeregelungen 228.2;
  265.5
Aussage, falsche, s. dort
Außenwirkung 239b.6
Austauschgeisel 239b.4
Auto, s. gefährliches Werkzeug
Automatisierten Mahnverfahren,
  s. Mahnverfahren
Automatenschlüssel 242.17
Autosurfen 224.7

Baby, s. Kleinstkinder 239.6
Badewannenfall 216.4
Bagatellgrenze (bei § 239) 239.4
Bande
– Diebstahl unter Mitwirkung
  eines Bandenmitgliedes, Ban-
  dendiebstahl 244.8
– Mindestzahl 244.7
– Mitgliedschaft, als besonderes
  persönliches Merkmal, s. dort
Bankkarte, s. Codekarte, EC-
  Karte
Bankomat (Bankautomat, Geld-
  automat) 263a.17; 265a.2
Bankraub 253.3
Bedarf, Güter des täglichen 261.7
Beendigung 249.5; 250.4 f.;
  251.3; 257.4
Beförderungserschleichung
  265a.5
Befreiungsaktion (z.B. der Poli-
  zei) 239.9; 251.2
Behältnis, verschlossenes 243.5 ff.
Behandlungsabbruch 212.6
Beihilfe
– Hilfeleisten, s. dort
– Kausalität (für den Erfolg der
  Haupttat) 257.6
– Neutrale 261.7
– Psychische 231.4, 257.4
– Sukzessive 257.4
Beisichführen 244.1, 4 f.; 250.1
Benzin 242.13; 248b.4
Benzindiebstahl 242.13; 248b.4
Bereicherung, Rechtswidrigkeit
  der beabsichtigten 239a.1 f.;
  253.1; 259.18; 263.1, 33 f.,
  36; 263a.1
Berufstypisches Verhalten 261.7;
  263.8
Beschneidung 223.7; 224.7
Besitzlage, rechtswidrige, s. dort

Besondere Schutzvorrichtung
  gegen Wegnahme, s. dort
Besonderes öffentliches Interesse
  248a.4
Besonderes persönliches Merkmal
– Arbeitgebereigenschaft
  266a.3; 266b.3
– Ausdrückliches und ernsthaf-
  tes Verlangen 216.10
– Bandenmitgliedschaft 244.10
– Gewerbsmäßigkeit 243.10
– Mordmerkmale, täterbezogene
  211.2
– Obhut 221.7
– Vermögensbetreuungspflicht
  266.18
Betroffen 252.1, 4
Betrugsspezifische Auslegung
  263a.10 ff.
Beuteerhaltungsabsicht 251.3;
  252.3
Bewusstlose 211.14; 239.6;
  242.11
Blutkonserve 242.5
Blutrache 211.11
Bonus-Meilen 266.13
Bordstein-Klatschen 212.8
Bote 266.2
Bußgeld 263.21
Chemische Keule 224.8
Codekarte
– Abhebung mit gefälschter
  263a.14
– Diebstahl einer zum anschlie-
  ßenden Abheben 263a.23
Computerspezifische Auslegung
  263a.10 ff.
Contergan-Fälle 223.2
Dauergefahr 255.2
Dauernde Entstellung 226.6;
  266.6
Dazwischentreten eines Dritten
  239.9

Delictum sui generis (Delikt eigener Art) 211.2; 216.10; 225.1
Delikt, heimliches, s. dort
De minimis non curat praetor 239.4
Diebesfalle 242.15
Dienstmütze 242.17, 21
Dolus cumulativus, kumulativer Vorsatz, s. dort
Dolus eventualis (bedingter Vorsatz), s. dort
Doppelkausalität, s. dort
Doppelselbstmord, einseitig fehlgeschlagener 216.4
Dreiecksbetrug 263.12
Dreieckserpressung 253.7
Dreiecksnötigung 240.10; 253.3
Drei-Partner-System 263a.16; 266b.3, 8
Drei-Personen-Verhältnis 239b.9
Drittverschaffung 259.13
Drittzueignung 242.24 ff.; 246.10, 12; 252.6
Drohung
– durch Unterlassen 240.9
– mit einem erlaubten Verhalten 240.8
Durchgangsstadium, notwendiges, s. dort
Durchlaufkredit 265b.1
eBay 263.28
EC-Karte 242.17; 248a.2; 263a.11, 17 f.; 266b.8
Echtes Unterlassungsdelikt 263.39; 266.19
EDV 263a.9
Ehrenmord 211.11
Ehrenschulden 263.19
Eifersucht 211.10
Eigenmächtiger Kassenwechsel, s. dort
Eigenverantwortung, Eigenverantwortlichkeitsprinzip 212.6

Einbrechen 243.3; 244.1
Eindringen 243.3; 244.1
Einheitstheorie 223.8
Einkaufswagen 263.11
Einmann-GmbH 266.5
Einsteigen 243.3; 244.1
Einverständnis, tatbestandsausschließendes 212.6; 239.2; 242.13
Einwilligungsfähigkeit 223.7
Elektrische Energie 248c.1
Elektrizität, s. elektrische Energie
Elterliches Erziehungsrecht 223.4, 7
E-Mail 263a.20
Energieeinsatz (§ 13) 212.6
Enteignung 242.1, 16, 22; 246.6, 8
Entsorgungsunternehmen 242.8
Entsprechungsklausel (§ 13) 212.6; 216.5; 266.19
Entwidmung 243.4
Erfolgsqualifizierter Versuch, s. dort
Erfolgsqualifikation, versuchte, s. dort
Erfüllungsbetrug
– Echter 263.26
– Unechter 263.27
Erlaubnistatbestandsirrtum 240.16
Erlaubtes Risiko 212.7
Ermächtigungstheorie 263.12
Ermöglichungs- und Verdeckungsabsicht
– bedingter Tötungsvorsatz 211.17; 212.8
– Ordnungswidrigkeit als Straftat 211.19; 258.2
Eröffnungswehen 212.02
Ersatzhehlerei 259.7
Erschleichen 265a.3
Erziehungsrecht, elterliches, s. dort

Euthanasie 212.6 f.
Exklusivität, Exklusivitätsdogma 263.9
Expektanz, Exspektanz 263.17, 33
Extraneus (Außenstehender) 244.10
Extrem gefährliche Gewaltanwendungen, s. Hemmschwellentheorie
Faktisches Näheverhältnis (Nähetheorie) 263.12; 253.7
Fälliger, einredefreier Anspruch 242.26; 246.3, 15; 263.34
Falschgeld 263.18; 263a.6
Familiendiebstahl 259.20
Fehlbeträge, Ausgleich von, s. dort
Fehlbuchung 263.5
Fehlüberweisung 263.5
Fernziele 240.12
Filialleiter(in), Vermögensbetreuungspflicht 266.7
Finalzusammenhang 249.4
Finderlohn 242.18
Finger 226.5; 244.6
Flucht, Unmittelbarkeitszusammenhang 251.2
Folter 240.15
Forderungsbetrug 263.10, 13 f.
Fötus 223.2
Freikauf 242.19
Freispruch 258.6
Fremdbank 263a.15, 17; 266b.8
Fremdgefährdung 212.9
Fremdschädigung, Fremdschädigungsdelikt 253.2; 263.9
furtum usus 242.22; 253.2
Fuß, beschuhter 224.5
Ganove
– Ganovenmilieu, rechtsfreier Raum 263.18
– Ganovenuntreue 266.17

Garant 216.6; 221.3; 240.9
Garantenpflicht 266.19
Garantenstellung
– aus Vertrag 212.6
– Wegfall der 212.6
Garantie(summe) 266b.7
Gattungsschuld 242.26
Gebotenheit 240.15
Gebrauchsdiebstahl 242.22
Geburt 212.2; 218.2
Gefährliches Werkzeug
– Auto 224.7
– chemische Keule 224.8
– Körperteile 224.5
– Tiere 224.4
– unbewegliche Gegenstände 224.6
Gegensatztheorie 223.8
Geheimtür 239.7
Geigenvirtuose 226.5
Geisteskranke 211.15
Geldautomat 263a.3, 15 f., 22, 24
Geldkarte (mit Speicherchip) 263a.19
Geldschulden 242.26 f.
Geldspielautomat 263a.22; 265a.2
Geldstrafe, Bezahlung fremder 258.8
Geringwertigkeit
– Affektionsinteresse 248a.1
– einer EC-Karte 248a.2
– einer Strafakte 243.12
– Irrtumsproblematik 243.13
– Materialwert 243.12
– Vorsatzwechsel 243.15
Wiederbeschaffungswert 248a.2
Geschlechtsverkehr 211.5; 212.9
Gesellschaftertheorie 266.5
Gesetzeskonkurrenz 226.9; 264.3, 4; 264a.1; 265b.4
Gewahrsam 242.10 ff., 14; 246.10; 252.5; 259.11

Gewahrsamsbruch 242.12, 15;
247.1; 248b.1
Gewahrsamsenklave 242.14
Gewahrsamssphäre 242.10;
263.40
Gewaltbegriff 240.2, 14
Gewaltmonopol 240.14
Gewalttätigkeit 240.2
Gewerbsmäßigkeit 243.9 f.
Gift 224.2, 3, 8
Gisela-Fall 216.4
Gleichzeitigkeitstheorie 259.5
Glied 226.4 f.
Gliedmaßen 226.4; 242.5
Gnadentötungen 211.4
Guten Sitten 228.1.2
Habgier 211.7 ff.
Hammer 211.16; 224.6
Handtaschenraub 249.2
Hardcover 242.22
Hausbank 263a.16
Haus- und Familiendiebstahl
247.1
Hausfriedensbruch 243.16
Haushaltsuntreue 266.10
Heileingriff, ärztlicher, s. dort
Heimliches Delikt 242.15
Heimtücke
– Bewusstlose/Schlafende 211.14
– Kleinstkindern/Geisteskranken
211.15
– verwerflicher Vertrauensbruch,
s. dort
Heizlüfter 248c.2
Hemmschwellentheorie 212.8
Herrühren 261.1
Herzinfarkt 227.4; 251.2
Herzschrittmacher 242.4.5
Hilfeleisten
– bei § 257 257.1
– Kausalität (für den Erfolg der
Haupttat) 257.6
– psychische Beihilfe, s. dort

Hilflose Lage 221.3
Hinweis auf die Rechtswidrig-
keitsebene, unverbindlicher
246.15
HIV
– Selbstgefährdung 212.9
– Körperverletzung 212.9
Hochsitzfall 227.4
Home-Banking 263a.20
Honorar 261.6, 7
Illationstheorie 242.14
Implantat 242.4
Indikationsfeststellung (bei
§ 218), negative, s. dort
Individueller Einschlag, s. Ver-
mögensschaden
Induktion 248c.1
Ingerenz 212.10
Inputmanipulation 263a.5 f.
Insertionsoffertenbetrug 263.3
Instrumenta sceleris (Instrumente
des Verbrechens) 261.2
Internetauktion 263.28
Interneteinkauf mit Kreditkarte
263a.12
Internetkostenfalle 263.3
Irrtum
– Erlaubnistatbestands-, s. dort
– Parallelwertung in der Laien-
sphäre, s. dort
– über das Recht 242.27
– über die Angehörigeneigen-
schaft bei § 247 247.4
– über die Angehörigeneigen-
schaft bei § 258 258.12
– über ein normatives Tatbe-
standsmerkmal 242.27
– über Tatsachen 263.7
Juristisch-ökonomischer Vermögensbegriff 263.17, 20
Kannibalen-Fall 211.5
Kaserne 247.2

Kassenfehlbeträge, Ausgleich, s. dort
Kassenwechsel, eigenmächtiger 246.14
Kassenschlüssel 266.7
Kassenschmuggel 263.11
Kassierer(in), Vermögensbetreuungspflicht 266.7
Kaufhausdetektiv 242.15
Kaufhauserpresser 255.2
Kausalität
– Dazwischentreten eines Dritten 239.9
– Kausalzusammenhang 249.4
– Kausalverlauf 216.8; 249.4
Kick-Back 266.12 f.
Kinder
– Arg- und Wehrlosigkeit (Heimtücke) 211.15
– Einwilligungsfähigkeit 223.7
Klarstellungsfunktion 226.9 f.; 243.16; 248b.3; 265b.4
Kleinstkinder, s. Kinder
Koma 242.11
kompensationslose nachträgliche Anerkennungsprämien 266.14
Konfliktlage, notstandsähnliche, s. dort
Konfusionsargument 251.4
Konkrete Vermögensgefährdung 263.30 ff.
Konkurrenzlösung
– bei der Zueignung 246.9
– bei Zwei-Personen-Verhältnissen bei §§ 239a, b 239b.6
Konstitutionelle Arg- und Wehrlosigkeit 211.15
Konstitutionelle Bewegungsunfähigkeit 239.6
Konsumtion 218.3; 243.16; 248b.4
Kontrektationstheorie 242.14

Kostenfalle 263.3
Körperglied, s. Glied
Körperlich-dynamischer Gewaltbegriff 240.2
Körperlich empfundener Zwang 240.2
Körperschaftstheorie 266.5
Körperteil 224.5; 226.4 f.; 242.4 f.
Krankenhaus 227.4
Kreditkarte
– Einkauf im Internet 263a.12
– gestohlen gemeldete 266b.5
Kriminalität, organisierte, s. dort
Kriminalroman 242.22
Kundenkarte 266b.3
Kunstfehler 212.2
Labello-Stift 244.6
Labyrinth 239.7
Lagertheorie 253.7; 263.12
Lastschriftreiterei 263.6
Lastschriftverfahren, elektronisches 266b.4
Leben, ungeborenes 218a.1
Lebensbedarf, Güter des täglichen Bedarfs, s. dort
Lebensmittel
– Güter des täglichen Bedarfs bei § 261 261.7
– vergiftete, s. Kaufhauserpresser
Lebensmüde, s. Selbstmord
Leergut 242.21
Leerspielen von Geldspielautomaten 263a.22
Legalitätsprinzip 258.4
Lehre von der sozialen Zweckverfehlung 263.25
Leistungsautomat 265a.2
Letalitätsthese 227.4.5
Lichtbogen 248c.1
Limit 266b.7
List 239.7; 249.2
Lösegeld 239b.15; 242.19; 253.8

Lucrum ex re, ex negotio cum re 242.17 f.

Mahnbescheid, Beantragung eines ungerechtfertigten, s.
Mahnverfahren

Mahnverfahren, automatisiertes 263.16; 263a.5

Makeltheorie 263.22

Manifestationstheorie 246.4 ff.

Mannesmann-Fall 266.14

Mäzenatentum 266.15

Melkmaschinenfall 263.23

Mercy-killing 211.4

Merkmal, besonderes persönliches, s. dort

Mietkaution 266.8

Milieubedingte Straftaten, s. verdeckte Ermittler

Minderjährige, Einwilligungsfähigkeit, s. dort

Minima non curat praetor (Minima-Klausel), s. de minimis non curat praetor

Missbrauchstatbestand 266.6

Mitbestrafte Nachtat (Vortat, Begleittat) 246.9; 257.10, 263.41; 266b.11

Mitgewahrsam 242.12

Mittäterschaft
– gemeinschaftliche Begehung bei § 224 224.9
– Hehlerei an der Beute des anderen 259.2
– Mitwirkung im Ausführungsstadium 244.8
– sukzessive, s. dort

Mittelbare Täterschaft 212.4; 216.7; 242.25; 263.12, 14; 265b.3

Mittel-Zweck-Relation 240.13; 242.15

Mitwirken beim Absatz 257.7 f.

Monats(fahr)karte 265a.5

Mordmerkmale
– Gekreuzte 211.3
– täterbezogene, s. dort
– Strafrahmenverschiebung, s. dort

Moribunde 212.7; 242.11

Motivbündel 216.2

Nachteil bei § 266 266.9, 12 ff., 16

Nahestehende Person 255.3

Näheverhältnis, faktisches (Nähetheorie) 253.7

Nasciturus 223.2

Naturalobligationen, täuschungsbedingte Erfüllung von 263.19

Natürliche Abwehrinstinkte, s. dort

Negative Indikationsfeststellung 218b.1

Negative Typenkorrektur, s. dort

Negativ-Tatsachen 263.39

nemo ultra posse obligatur 266a.1

Neutrale Beihilfe, s. dort

Nicht-mehr-Berechtigter 263a.13

Nicht-so-Berechtigter 263a.13

Niedriger Beweggrund, Eifersucht, s. dort

Niere 226.4; 266.4

non liquet 263.15

Normatives Tatbestandsmerkmal, Irrtum über, s. dort

Notstandsähnliche Konfliktlage 258.12

Notwendiges Durchgangsstadium 224.8

Objektive Theorie (bei § 263a) 263a.4

Offener Tatbestand 242.15 f.

Ohrfeige 223.4; 224.7; 240.7

Ökonomischer Vermögensbegriff, s. wirtschaftlicher

omissio libera in causa 266a.1
Online 263a.3
Ordnungswidrigkeit 211.19;
    258.2
Organ
– als Glied 226.4
– der Rechtspflege 258.7
Organisierte Kriminalität 261.7
Ortsveränderung 221.2; 239.6;
    239b.7
Palliativa 212.7
Paperback 242.22
Parallelwertung in der Laien-
    sphäre 242.27; 258.2
Parteispenden 266.16
Patient 212.6; 223.6
Perpetuierungstheorie (Aufrecht-
    erhaltungstheorie) 259.6, 13 f.
Persönliche Identifikationsnum-
    mer, s. PIN
Persönliches Merkmal, besonde-
    res, s. dort
Persönlichkeitsschutz, postmorta-
    ler 242.3
Pfand, Pfandflasche, s. dort
Pfandschein, Hehlerei 259.11
Pflichtenkollision, rechtfertigen-
    de 212.6
Pflichtverteidigung 261.6
Pflichtwidriges Vorverhalten, s.
    Ingerenz
Pflug auf dem Feld 242.10
Phishing 263a.20
PIN 263a.10 ff., 18 ff.
Ping-Anruf 263.4
Pistole, s. Waffe
Planwidrige Regelungslücke, s.
    dort
Plastikrohr 244.6
Point-of-Sale-Verfahren
    263a.17 f.
Polizist 239b.4; 258.4; 259.10

Positive Typenkorrektur, s. dort
Postmortaler Persönlichkeits-
    schutz, s. dort
POS-Verfahren, s. Point-of-Sale-
    Verfahren
POZ-Verfahren 263a.18; 266b.4
Präventivnotwehr, s. Notwehr
Preisabsprache 263.28
Programmmanipulation 263a.4
Prothese 226.6
Provisionsvertreter(fall) 263.37 f.
Prozessbetrug 263.14 ff.
Psychische Beihilfe, s. dort
Qualifizierter Versuch, s. dort
Raubkopien 259.6
Raubspezifischer Zusammen-
    hang 249.1, 4
Raum, generell beherrschter, s.
    dort
Räumliche Nähe, Aufsuchen
    von, s. dort
Rechtfertigende
– Einwilligung, s. dort
– Pflichtenkollision 212.6
Rechtmäßiges Alternativverhal-
    ten 264.1
Rechtsfolgenlösung 211.4
Rechtslage, umstrittene, s. Ver-
    meidbarkeit
Rechtspflege(delikt) 211.21;
    257.2
Rechtswidrige Besitzlage, Auf-
    rechterhaltung (Perpetuierung)
    259.6, 8 f.; 13, 16
Rechtswidrigkeit der Bereiche-
    rung 253.1; 259.17 f.; 263.1,
    35; 263a.1
Rechtswidrigkeit der Zueignung
    242.1, 27; 246.3, 15
Reduktion, teleologische, s. dort
Regelungslücke 257.12; 258.9
Relative Subsidiarität 248b.3;
    265a.6

reparatio damni 263.31
Richterprivileg 258.7
Risiko, erlaubtes, s. dort
Risikogeschäft (bei § 266) 266.4
Rückerwerb des Vortäters vom
  Hehler
Rückverkauf an den Eigentümer
  242.20; 257.8; 259.14
Sachbetrug 263.10, 13
Sache (Sachbegriff)
– Blutkonserve 242.5
– Drogen 242.6
– Implantate 242.4
– Leichnam 242.3
– -substanz, s. Substanztheorie
– -wert, s. Sachwerttheorie
– Sperrmüll 242.8
– Tiere 242.2
– unbestellt gelieferte 246.15
Sacherlangung bei der Hehlerei
  259.5
Sachgedankliches Mitbewusst-
  sein 263.7, 15 f.; 263a.6, 16
Sachwerttheorie 242.17
Scelere quaesita 261.2
Schadensgleiche Vermögensge-
  fährdung, s. dort
Scheinbare Konkurrenz, s. Ge-
  setzeskonkurrenz
Scheingeisel 239b.5
Scheinrechnung, s. Insertionsof-
  fertenbetrug
Scheinwaffe
– absolut ungefährliche 244.6;
  250.3
– In-Schach-Halten 239b.3
– Labello-Stift 244.6
– Plastikrohr 244.6
– Sich-Bemächtigen 239b.3
Schlaf 211.4
Schlafwandler 239b.6
Schlüssel
– Falscher 243.4 f., 244.1

– (kurzzeitiges) Herumdrehen
  239.4, 6
– Richtiger 243.5
– Verlorener 243.4
Schmerzen 211.16; 223.3, 6
Schmerzstillende Mittel 212.7
Schmiergeld 266.12 f., 16
Schmiermitteldiebstahl 248b.4
Schreckschusspistole 244.2;
  250.7
Schuldgrundsatz 231.2
Schuldmodell, s. actio libera in
  causa
Schusswaffenattrappe, s. Schein-
  waffe
Schutzvorrichtung gegen Weg-
  nahme, besondere 243.8
Schwarze Kassen 266.16
Schweigegelderpressung, s. Not-
  wehr
Schwerpunkt der Vorwerfbarkeit
  212.6
Sehfähigkeit 226.3
Selbstbedienungstanken, -tank-
  stelle 242.13
Selbstbegünstigung(spriviileg)
  258.1
Selbstgefährdung 212.6; 216.4
Selbsthilfebetrug 263.33 f.
Selbstmord (Suizid) 212.3 ff.;
  216.7
Selbstschädigung, Selbstschädi-
  gungsdelikt 253.2; 263.10
Selbstschussanlage 240.15
Selbstverletzung, Grundsatz der
  Straflosigkeit der 231.5; 257.3
Sex mit HIV-Positiven, s. dort
Sicherungsbetrug 263.41
Sicherungsetikett 243.8
Sichverschaffen
– von Daten 263a.2
– von Geld (bei Geldwäsche)
  261.1, 4

– von Sachen (bei Hehlerei)
  259.1, 8 ff.
Sitten (in Deutschland gültige)
  211.11
Sittenwidrigkeit 228.1
Sitzblockade 240.2
Sitzdemonstranten 240.3
Sonderdelikt 218c.1
Sorgfaltspflichtverletzung 226.1;
  227.1; 251.1
Sozialadäquanz 258.5; 261.7
Soziale Handlungslehre 212.7
Sparbuch 242.17
Sperrwirkung 226.10; 258.7;
  264a.2; 266b.10
Spezialität 218.3; 246.2; 248b.4,
  266a.4
Spielschulden, s. Naturalobliga-
  tionen
Sponsor, Sponsoring 266.15
Sprachvermögen 226.3
Spruchrichterprivileg, s. Richter-
  privileg
Staatsanwalt 239.4; 258.4
Stabile Zwischenlage 239b.7, 9
Stabilisierung, gewisse 239b.6 ff.
Sterbehilfe
– Indirekte 212.7
– Passive 212.6
Stoffgleichheit 253.1; 263.1;
  263a.1
Strafakte, Geringwertigkeit, s.
  dort
Strafaufhebungsgrund 239a.1 f.;
  239b.1 f.; 13; 261.1
Strafausschließungsgrund, Irrtum
  über, s. dort
Strafmilderung 211.1, 3; 218a.2;
  223.4; 266.19
Strafrahmenverschiebung (beim
  Mord) 211.2
Strafrechtlicher Sachbegriff
  242.2

Strafverteidiger, s. Verteidiger
Stube, Kaserne, s. dort
Stückschuld 243.28
Subjektive Theorie (bei § 263a)
  263a.4
Subjektivierende Auslegung (bei
  § 263a) 263a.10 ff.
Submissionsbetrug 263.28
Subsidiarität 246.2; 248b.3;
  265a.6; 265.4
Subsidiaritätsklausel 246.2;
  248b.3; 265.4; 265a.6; 266.20
Substanztheorie 242.17, 21
Subventionsbetrug 263.24;
  264.1, 4; 265b.2
Suizid (Selbstmord)
– einseitig fehlgeschlagener
  Doppelselbstmord, s. dort
– frei verantworteter 212.4
– Straflosigkeit 212.3
– Teilnahme am 212.4, 6; 216.4
Sukzessive Beihilfe 257.4
Supportiv-Implantate 242.4
Surrogat
– bei § 257 257.5
– bei § 261 261.3
TAN, Transaktionsnummer
  263a.10, 20
Tankbetrug 242.13
Taschenbuch-Kriminalroman
  242.22
Tat, frische 252.1
Tatbestandsausschließendes Ein-
  verständnis, s. dort
Tatbestandslösung 246.9
Tatbestandsmodell, s. actio libera
  in causa
Tatherrschaft 212.6; 216.4;
  239b.5
Täterbezogene Mordmerkmale
  211.2
Tätige Reue 239b.14; 258.12;
  264a.2; 265a.5

Tauchsieder 248c.2
Teilnahmetheorien 216.4
Telefonkarte 259.6
Teleologische Reduktion 242.2;
    244.3; 261.5, 7
Teuro 243.12
Tiere 224.4; 242.2
Transaktionsnummer, s. TAN
Treuebruchtatbestand 266.6
Treu und Glauben 263.40
Trickdiebstahl 263.9
Trittbrettfahrer 253.6
Trunkenheitsfahrt, Zäsur, s. dort
Typenkorrektur 211.4
Übergesetzlicher Straf-, Schul-
    dausschließungs- bzw. –
    aufhebungsgrund 212.6
Unbefugt
– bei § 238 238.2
– bei § 248b 248b.4
– bei § 248c 248c.2
– bei § 263a 263a.1 f., 10, 22
– bei § 265a 265a.3
Unbestellt gelieferte Sachen, s.
    dort
Unechte Konkurrenz, s. Gesetz-
    zeskonkurrenz
Unfreiwilligkeit, s. Freiwilligkeit
Ungeschützter Geschlechts-
    verkehr 212.9
Ungleichwertigkeit, s. Gleich-
    wertigkeit
Unmittelbarkeitszusammenhang
    (bei erfolgsqualifizierten De-
    likten) 226.1, 10; 227.1
Unterlassen
– Gewaltanwendung durch
    (beim Raub) 249.6
– Teilnahme am, s. dort
– Teilnahme durch, s. dort
Unterlassungsdelikt
– echtes, s. dort
– unechtes, s. dort

Unvereinbarkeitstheorie, s. actio
    libera in causa
Urlaub 242.10
Urteilstenor, Klarstellungsfunkti-
    on, s. dort
Verbotsirrtum des Vordermanns
    bei mittelbarer Täterschaft, s.
    dort
Verbrechervernunft, s. fehlge-
    schlagener Versuch
Verdeckte Ermittler 261.5
Verdeckungsabsicht 211.1, 17 f.,
    21, 23
Verdünnung 261.3
Vereinigungstheorie 242.17
Verfassungskonforme Auslegung
    261.6
Verfolgbarkeit (der Vortat)
    211.20
Verfügungsbewusstsein
    263.10 f., 13
Verkäufer(in), Vermögens-
    betreuungspflicht 266.7
Verkehrsunfall, s. Unfall
Vermeidbarkeit der Sorgfalts-
    pflichtverletzung 261.1
Vermögensbegriff
– dynamischer, personaler, ob-
    jektiver 263.23, 29
– juristischer, juristisch-ökono-
    mischer, wirtschaftlicher
    263.17, 20, 22 ff., 33;
    266.16 f.
Vermögensbetreuungspflicht
    266.1, 6 ff., 13 ff., 17 ff.
Vermögensgefährdung, konkrete
    (schadensgleiche), s. Vermö-
    gensschaden
Vermögensschaden
– Anfechtungs- und Rücktritts-
    rechte 263.32
– Anwartschaften, Arbeitskraft,
    Exspektanzen 263.17, 33

- Besitz, unberechtigter 263.20
- Ehrenschulden (Spiel, Wette) 263.19
- Guter Ruf, „know how", „good will" 263.17
- illegale Geschäfte 263.18
- Naturalobligation 263.19
- schadensgleiche Gefährdung 263.42, 266.9
- Stornierungsbereitschaft 263.31
- Straf- und Bußgeldansprüche 263.21
- subjektiver oder individueller Einschlag 263.23, 27, 37; 266.10 f.
- Unmittelbarkeit, s. dort
- verlorene Zuschüsse (Subventionen, Spenden) 263.24
- Widerrufs- und Rückgaberechte 263.32
Vermögensverfügung
- bei § 239a 239b.12
- bei §§ 253, 255 253.1 ff.
- genereller Verfügungswille 263.11
- Verfügungsbewusstsein 263.10 f., 13
Unmittelbarkeit, s. dort
Vermögenswirksame Leistungen 266a.2
Versäumnisurteil 263.16
Verschenken 259.13
Versetzen in eine hilflose Lage 221.1 f.
Versicherungsbetrug 228.1
Versuch
- erfolgsqualifizierter 221.6; 227.5; 238.4
- qualifizierter 216.9; 226.10
- unbeendeter, s. dort
- untauglicher 257.6; 258.2

- versuchte Erfolgsqualifikation 239.11
Verteidiger
- Organ der Rechtspflege 258.7
- Strafvereitelung, s. dort
- Verteidigerhonorar, Geldwäsche 261.6
- Verteidigerprivileg 258.7
- Wahrnehmung berechtigter Interessen, s. dort
Verteidigung 258.6
Vertrag, Garantenstellung 212.6
Vertrauensbruch 211.2
Veruntreuende Unterschlagung 266.20
Vervielfältigung 261.3
Verwenden, einer Waffe bzw. gefährlichen Werkzeugs 250.2, 7 f.
Verwerflichkeit 211.4, 18 f.; 239b.11; 240.1, 8, 12, 14 ff.; 253.1
Verwerflicher Vertrauensbruch, s. dort
Verzehr auf Einladung (bei der Hehlerei) 259.12
Videoaufnahme 211.05
Vollstreckungsrechtlicher Rechtmäßigkeitsbegriff, s. dort
Vorsatzwechsel 243.15; 248b.3
Vortäter als Dritter (Hehlerei) 259.16
Vortatteilnahme (Hehlerei) 259.2
Vorteile der Tat 257.5 f.
Waffe
- Scheinwaffe 239b.3, 244.6, 250.3
- Schreckschusspistole 244.2, 250.7
- Träger, s. dort
Waffendiebstahl 244.5
Waffenträger, berufsmäßiger, s. dort

Wahndelikt 211.18, 258.2
Wahrnehmung berechtigter Interessen 258.6
Warenautomat 265a.2
Web-Angebot, 263.3
Wechselgeld 259.7, 263.40
Wechselgeldfalle 263.40
Weltfrieden 240.12
Werkzeug
– absichtslos-doloses, s. dort
– gefährliches, s. dort
Wertsummentheorie 246.14, 259.7
Wettschulden, s. Naturalobligationen
Wichtiges Glied, s. dort
Widmung 244.4
Wiederholende Zueignung, s. dort
Wirtschaftlicher Vermögensbegriff 263.17
Wohnung
– Wohnungsbegriff 246.11
– Wohnungseinbruchdiebstahl 243.2

Zahn 242.5; 266.2, 5
Zäsur, Zäsurwirkung 211.22
Zelle 247.2
Zellwollhosenfall 263.26 f.
Zeuge 261.1
Züchtigungsrecht, s. elterliches Erziehungsrecht
Zueignungsabsicht 242.1, 16 ff.; 244.1; 246.10 ff.; 249.1; 250.1
Zündschlüssel, Herumdrehen 239.4 ff.
Zusammenhang
– raubspezifischer 249.4
– verkehrtypischer, s. dort
Zutrittserschleichung 265a.4
Zutrittsrecht, generelles, s. dort
Zweckverfehlung(slehre) 263.25
Zweifel (beim Irrtum) 263.8
Zweifelssatz, s. in dubio pro reo
Zwei-Partner-System 266.2 f.
Zwei-Personen-Verhältnis 239a.1; 239.6 ff.
Zwischenlage, stabile, s. dort
Zwischenziel 257.9, 263.35